AF453574

L'ORIENT

SYRIE.

De toutes les contrées de l'Orient, aucune ne se présente sous un aspect plus séduisant que la Syrie. Sur une étendue de 600 kilomètres en longueur, et environ 100 kilomètres de largeur, c'est une terre variée, accidentée, où les natures les plus opposées multiplient les formes les plus diverses à côté des physionomies les plus contraires pour charmer le voyageur.

Le grand diamètre de ce pays étroit s'abaisse et se relève successivement, en suivant les sommets élevés du Liban. A cette sorte d'échine puissante qui le partage en deux dans sa longueur se rattachent, de chaque côté, des contre-forts plus ou moins relevés ou abrupts qui en sont comme les côtes. De là, les flancs tour à tour sévères ou enchanteurs de la grande montagne s'allongent pour se perdre brusquement dans la Méditerranée à l'occident, ou à l'est dans le désert, cette autre mer solide, avec ses ondulations de sable et de ruines, qui s'étend au loin, sans horizon borné, vers la Mésopotamie et la Perse. La partie occidentale de la Syrie, celle que baigne la mer, est, sinon la plus intéressante, du moins la plus peuplée, la plus vivante, la plus animée par les hommes et leur industrie, comme par sa végétation spontanée ou celle que la nature y fait naître.

Beyrout est le point le plus important du littoral syrien; c'est la principale résidence des Européens; c'est le port de Damas, qui n'en est distant que de quelques heures. De là le commerce rayonne vers les autres centres de population, comme là aussi convergent les produits industriels des riverains de la côte ou des montagnards du Liban. Beyrout est la grande escale de ces parages : soit d'Alexandrie, soit de Constantinople, les navires y viennent jeter l'ancre, établissant ainsi des communications fréquentes entre l'Asie et l'Europe.

De la mer, quand on approche de Beyrout, le spectacle est magnifique. Au-dessus de la ligne d'horizon s'élève un immense amphithéâtre de montagnes majestueuses dans leur ensemble, où peu à peu, en avançant, l'œil découvre des ravins boisés, des villages blancs accrochés à des mamelons qui descendent les uns au-dessous des autres, comme de gigantesques gradins, jusqu'au rivage. Par-dessus la plus haute cime d'un bleu sombre, perdu dans une atmosphère limpide, un pic encore plus élevé brille aux rayons d'un soleil ardent qui reflète sa vive lumière sur des neiges qu'il ne peut entamer. C'est le Sannin, la tête blanche du vieux Liban. De ce sommet, point culminant de cette chaîne, descendent vers le grand désert ou vers la mer les montagnes inférieures, en s'étendant les unes vers Jaffa et Jérusalem, les autres du côté de Tripoli et d'Antioche, pour se rallier au Taurus. Le Sannin se dresse au-dessus de Beyrout dans la direction du nord-est; mais de profondes vallées séparent les flancs déchirés et sauvages des montagnes boisées qui sont les plus rapprochées de la ville. Dominant de sa masse neigeuse la chaîne verdoyante qui le précède, il sert de fond au splendide tableau que forme la ville de Beyrout entourée de ses jardins, de ses plantations, de ses villas qui vont insensiblement en montant se perdre dans les anfractuosités ou parmi les roches de la région montagneuse. Suivant un proverbe arabe inspiré par la diversité des sites, selon qu'ils s'élèvent ou qu'ils s'abaissent : *Le Liban porte l'hiver sur sa tête; il voit l'été à ses pieds; l'automne est attaché à ses flancs, tandis que le printemps est assis sur ses épaules* (pl. I).

Bien que la chaîne syrienne soit encore boisée, elle est privée de cette végétation riche et vigoureuse dont elle offrit les ressources abondantes à l'antiquité. Toutes les villes phéniciennes lui empruntèrent les bois dont elles eurent besoin pour leurs constructions ou pour leurs nombreux navires. La tradition nous montre Salomon y faisant couper des cèdres pour les charpentes du temple et des palais de Jérusalem. Plus tard, comme l'apprennent les bas-reliefs de Ninive, les armées venues de l'Assyrie y abattirent les arbres dont les innombrables troncs, serrés les uns contre les autres, servirent de chaussée, pour attaquer les places maritimes du littoral. Aussi loin qu'on remonte dans les âges reculés, l'homme arracha de siècle en siècle au Liban ses forêts sans jamais le reboiser. Puis cette belle et généreuse montagne, après avoir tout donné, a eu le sort de presque toutes les montagnes du globe : les racines des arbres ayant disparu, les pluies formèrent des ruisseaux qui, bientôt devenus des torrents, en ont entraîné la terre végétale, et les rochers mis à nu n'ont pu laisser de prise, dans leurs interstices, qu'à quelques arbres nains, tristes successeurs des grands cèdres, des verts cyprès ou des puissants chênes dont les têtes élevées étaient fières d'ajouter à la hauteur des sommets qui les portaient.

Beyrout n'a pas beaucoup d'étendue; néanmoins une population de 12,000 habitants environ s'y presse et s'y coudoie avec cette vivacité d'allure particulière aux races arabes, qui contraste avec la lenteur et l'apathie des Turcs. La ville proprement dite est peu spacieuse; mais elle a comme annexes, et c'est ce qui ajoute à son importance, beaucoup de maisons de campagne, de villas habitées par des familles européennes, et un bien plus grand nombre d'habitations groupées, en s'escaladant les unes les autres, où vivent spécialement des familles syriennes, la plupart maronites.

Cette ville fut célèbre, dans les temps antérieurs, sous le nom de Béryte. Son existence ne paraît pas remonter au delà de quelques années avant l'ère chrétienne. Elle doit son origine à une colonie romaine qu'y installa Auguste en lui donnant le nom de Julia Felix. Plus tard, elle se distingua par une école fameuse pour l'étude du droit, et qui conserva sa renommée jusqu'à l'invasion arabe, au vii⁰ siècle. A l'époque des croisades, son rôle eut peu d'importance. Négligée d'abord par Godefroy de Bouillon qui, avec les autres chefs croisés, avait hâte de se rendre sous les murs de Jérusalem, l'armée chrétienne passa devant en poursuivant sa route le long de la mer. Ce ne fut que dix ans après la prise de la ville sainte que le successeur de Godefroy, son frère Baudouin, s'empara de cette place qui devait assurer aux chrétiens le libre parcours du littoral. De ce moment elle resta aux mains des Latins, et fut un des points stratégiques qui reliaient la principauté de Tripoli au territoire de Jérusalem. Le seul souvenir que l'on y retrouve de l'occupation franque est la principale mosquée, qui était jadis une église sous l'invocation de saint Jean.

Beyrout n'offre d'ailleurs rien de remarquable. La place est enfermée, du côté de terre, dans une enceinte de murailles flanquées de tours carrées, décrivant une courbe dont les extrémités viennent aboutir à la mer, et se relient à un château actuellement en ruine, destiné autrefois à protéger le port. On attribue généralement ces défenses aux émirs druses, qui avaient fait de Beyrout le siège de leur domination au xvii⁰ siècle. Mais, tout en concédant que ces princes de la montagne aient fortifié cette ville pour y asseoir solidement leur puissance, il faut bien tenir compte de ce qu'elle était avant eux. Les croisés, obligés d'en faire le siège, se trouvèrent en face d'une résistance appuyée sur des remparts. Eux-mêmes durent s'y retrancher fortement, et ce qui l'atteste, c'est la difficulté qu'éprouva Saladin à s'en rendre maître en 1187. En outre, on doit penser que ce sultan, qui en fit la capitale de la Syrie et n'y enferma pas moins de 20,000 captifs chrétiens, la mit en état de se défendre contre un retour des Latins, qui eut lieu dix ans plus tard, après une victoire éclatante remportée sur Malek-Adhel. Tous ces faits prouvent évidemment que Beyrout était entourée de murailles et d'autres ouvrages avant l'établissement des princes druses; et si l'on peut faire honneur à ceux-ci, à Fakhr-ed-Din notamment, de quelques-unes des tours que l'on y voit aujourd'hui, on ne saurait leur attribuer les autres défenses de cette place (pl. ii).

Le port de Beyrout est très-petit : tout au plus contient-il quelques tartanes ou felouques qui font le cabotage; mais il ne peut aucunement servir d'abri à des navires d'un fort tonnage, qui, obligés de rester en rade, s'y voient exposés aux coups de vent fréquents et dangereux dans ces parages. Cependant, si l'on en juge par certains indices de constructions sous-marines, par les tronçons verdâtres de longues colonnes submergées, et que la mer découvre dans ses ressacs, le port de l'ancienne Béryte devait avoir une importance que le commerce est impuissant à lui rendre actuellement. Il est vrai que l'insouciance des Turcs a laissé s'y accumuler les ruines qui en encombrent le fond, et que leur administration inintelligente, ou plutôt nulle, devrions-nous dire, ne fait rien pour donner à cette porte de leur empire asiatique ce que la nature lui a refusé, ou lui rendre ce que l'industrie de ses plus anciens habitants avait su créer pour en faciliter l'accès.

Beyrout est assise sur une plage de sable que les flots y ont amassé et qu'ils y amoncellent de plus en plus. Au sud de la ville, d'immenses monticules de ce sable s'y sont accumulés. Chaque grande mer en augmente la hauteur; le vent les pousse, et ils menacent d'engloutir les habitations dont quelques-unes ont déjà disparu, tandis que d'autres, dont on n'aperçoit que la partie supérieure, ne tarderont pas à être totalement ensevelies. Les habitants, effrayés des progrès incessants de ces dunes qui marchent fatalement vers eux sans que rien les arrête, ne savaient par quel obstacle leur barrer le chemin. Ils ont vainement essayé d'opposer des plantations comme digue à cette marée toujours montante, mais rien n'a fait : les sables montent toujours.

Le territoire de Beyrout est pauvre en curiosités archéologiques. On y retrouve bien quelques vestiges d'une époque reculée, parmi lesquels on remarque des restes d'aqueducs, de bains, de théâtre. Mais ces restes, qui datent de l'occupation romaine, sont dans un état de dévastation tel qu'ils n'ont d'autre intérêt que les souvenirs qu'ils rappellent. Quant à l'époque phénicienne, si elle a marqué là par un centre de quelque importance, c'est à peine si l'on peut en trouver l'attestation dans quelques débris de sarcophages en marbre.

Tous les alentours de Beyrout sont couverts de jardins, de vergers au milieu desquels les oliviers, les figuiers entrelacés de vignes, et les palmiers avec d'autres arbres se partagent la fécondité du sol. Une grande quantité de mûriers alimente le commerce des soies, qui est la principale industrie du pays.

A quelque distance, à l'est de la ville, est un superbe bois de pins. Cette forêt paraît être plusieurs fois séculaire; car les chroniqueurs marchant à la suite de l'armée croisée racontent que ces pins fournirent aux chrétiens tous les bois nécessaires pour fabriquer les échelles, les tours et les autres engins de guerre qui leur servirent à attaquer la place. Dans la même direction à peu près, deux heures de marche plus loin, à la naissance d'un des ravins qui entr'ouvrent les flancs du Liban, et au fond duquel bouillonne un ruisseau torrentueux, on aperçoit un très-bel aqueduc, à trois étages d'arcades, à cheval sur ce ravin (pl. iv). Des voyageurs en ont fait honneur à l'administration de l'émir Fakhr-ed-Din qui gouverna ce pays avec une sorte de splendeur. Il est possible que ce prince druse l'ait restauré, ou même en partie rétabli. Mais, à voir les éléments dont il se compose, ses arcades à plein-cintre, les blocs qui lui servent d'assises, et d'autres détails de sa construction, il nous paraît impossible de ne pas admettre son origine comme étant bien antérieure et remontant à la domination romaine. Ce bel édifice tombe en ruine aujourd'hui, et il en est de cette conduite des eaux vers la ville, pour laquelle les anciens possesseurs du pays avaient élevé ce magnifique ouvrage, comme de tout le reste : l'incurie actuelle le laisse s'écrouler pierre à pierre; les canaux en sont perforés, et l'eau enfermée jadis avec soin jaillit aujourd'hui par les parois brisées de sa prison, pour former mille petites rigoles inutiles dans lesquelles elle se perd. La nature sauvage ressaisit chaque jour son empire, en laissant aller au cours tumultueux du torrent tous les éléments du travail d'hommes plus soucieux de ce qui était nécessaire à leur existence que les habitants actuels.

II*. — Nous ne décrirons ici que la partie de la Syrie qui s'étend au nord de Beyrout jusqu'à Halep. Deux routes conduisent à cette dernière ville : l'une qui suit le bord de la mer, en passant par Tripoli et Latakieh, l'autre qui, à partir de Tripoli, se dirige à l'est, atteint Hamah et remonte vers le nord en longeant le désert. Quand on part de Beyrout, on suit d'abord une voie tortueuse qui serpente au milieu des habitations rurales et des plantations de mûriers. Après avoir traversé successivement deux rivières, on entre dans un sentier frayé sur le roc, qui monte, descend, suivant les caprices d'une côte agreste au pied de laquelle s'entendent les mugissements de la Méditerranée. En foulant la pierre usée par le sabot des mules et qui a toutes les apparences d'une route taillée dans le roc, on se demande si ce n'est pas là une antique voie, celle qui conduisit Salmanazar ou Sennacherib à la conquête de la Judée et de l'Égypte, que suivirent après eux les légions romaines quand elles allèrent s'emparer de Jérusalem, et qui, mille ans plus tard, s'ouvrit devant Godefroy de Bouillon et ses compagnons pressés d'arriver sous les murs de la ville sainte qu'ils brûlaient de délivrer des infidèles. Avant que le voyageur auquel les lieux inspirent ces réflexions ait eu le temps de se former une opinion, il se trouve tout à coup en face du portrait d'un roi assyrien, sculpté là sur un rocher[1], et montrant au temps présent la preuve de sa gloire qu'il a voulu transmettre à la postérité, au moyen des caractères cunéiformes gravés dans le cadre qui renferme son image. Puis, comme si une rivalité posthume avait voulu effacer la trace du passage de ce souverain d'Assyrie, l'inscription latine suivante établit que Marc-Aurèle Antonin tailla cette route dans la montagne :

IMP. CAES. M. AVRELIVS ANTONINVS PIVS FELIX AVGVSTVS PART. MAX.
BRIT. MAX. GERM. MAXIMVS PONTIFEX MAXIMVS MONTIBVS
IMMINENTIBVS LICO FLVMINI CAESIS VIAM DILATAVIT
PER .... ANTONIANAM SVAM.

A quelques pas de là on traverse la rivière Nahr-el-Kelb, le Licus des anciens, comme le prouve le texte latin qui précède. Le nom moderne qui désigne aujourd'hui ce cours d'eau lui a été donné par les Arabes à cause d'un bas-relief qui existait autrefois sur le roc près de son embouchure, et représentait un loup ou un chien. On raconte que, par certains vents, la silhouette de cet animal répercutait des sons étranges. Les superstitieux habitants, pour qui cette voix lugubre sortant du rocher était un objet de terreur, résolurent de détruire le bas-relief et le précipitèrent dans les flots. On prétend encore que, dans les grandes oscillations de la mer, le corps de l'animal, objet de la frayeur populaire, reste à découvert, et que de sa gueule sortent toujours des hurlements sinistres.

---

1. Cette sculpture est complétement semblable à celle qui, sur les monuments assyriens de Khorsabad, représente le souverain.

Le Nahr-el-Kelb a peu d'eau en temps ordinaire; mais après les orages ou à la fonte des neiges il se gonfle excessivement et monte à une hauteur qui a nécessité que le pont qui le traverse sur une seule arche fût très-élevé. Ce passage facile à défendre, à cause de son peu de largeur et des rochers qui le dominent, a dû être témoin de faits de guerre à diverses époques, et il est probable que les légions de Rome, comme les armées d'Assyrie, ne l'ont pas franchi sans obstacle. Un combat mémorable y fut livré en 1100, entre croisés et Sarrasins. Baudouin venait d'Édesse à Jérusalem joindre ses compagnons d'armes qui lui avaient offert la couronne après la mort de son frère Godefroy. Il se heurta, dans la gorge du Nahr-el-Kelb, contre des forces ennemies imposantes qui lui barraient le chemin. La lutte fut des plus sanglantes; mais les infidèles ne purent soutenir le choc des chrétiens, et ce qui aurait dû leur assurer l'avantage fut cause de leur perte. Ils ne purent escalader, pour fuir, les rocs élevés qui forment ce défilé, et ils furent presque tous pris ou massacrés.

Quand il a traversé le Licus, le chemin suit toujours la mer, s'en éloigne ou s'en rapproche selon les difficultés qu'il rencontre; et, à travers un pays riant, boisé, mais mal cultivé, on arrive à Djebaïl, petite ville baignée par la Méditerranée et presque entièrement peuplée de Maronites. Elle a une apparence de force que lui prête l'aspect d'un grand château en mauvais état qui en domine les abords, apparence trompeuse, car Djebaïl ne possède actuellement ni fortifications, ni population en état de la défendre (pl. v). Autrefois ce devait être un des points les plus importants de la côte, et tout le rivage en était bien gardé. C'est du moins ce que semblent indiquer de petits ouvrages en forme de tours carrées avec mâchicoulis, meurtrières et créneaux que l'on rencontre de distance en distance. Dans la prononciation arabe Djebaïl on retrouve le nom phénicien qui était Gebal. — Comment les Grecs en avaient-ils fait Biblos ou Boublos? — Quant aux croisés qui l'occupèrent, ils l'appelaient Djebelet et Bersabée, et elle devint avec eux le siége d'une baronnie chrétienne.

Alors que l'antique civilisation de la Phénicie florissait, cette ville avec son port comptait parmi celles qui contribuaient à la puissance de cet État. Son arsenal et ses chantiers fournissaient aux besoins de la marine de Tyr et de Sidon. La Bible rappelle que ses habitants coopérèrent à la construction du temple de Salomon en travaillant le bois et la pierre. Aujourd'hui cette cité qui passait pour l'une des plus anciennes du monde et dans laquelle le culte du soleil personnifié sous les traits et le nom d'Adonis ou de Tammouz était en grand honneur, a complétement disparu sous les couches superposées des villes latine, arabe ou maronite qui s'y sont succédé et dont les matériaux ont été fournis par les ruines des édifices antiques. Les seuls témoins de sa gloire passée sont des tombeaux et des cavernes sépulcrales dispersés aux environs, comme aussi un grand nombre de colonnes et d'autres débris qui obstruent le port à peu près inaccessible, même aux felouques légères naviguant entre les différentes escales de la côte syrienne. La seule importance, assez mince d'ailleurs, que conserve cette ville déchue, tient à la présence de l'émir des Maronites qui l'a choisie pour sa résidence habituelle, comme le point le plus central au milieu de la province de Kesraouân à peu près exclusivement peuplée de chrétiens catholiques.

Au delà de Djebaïl, en suivant toujours la côte, on arrive à une autre bourgade dont on mentionne simplement le nom qui de Botrus, dans l'antiquité, est devenu Batroun; la route continue vers Tripoli en s'éloignant un peu de la mer et en traversant un défilé que dominent de hautes montagnes. Pendant l'occupation chrétienne ce passage était gardé contre les Sarrasins par les croisés qui pouvaient, en petit nombre, opposer une vive résistance. On y retrouve, planté sur un rocher isolé, un fortin extrêmement élevé, auquel on ne peut arriver que par un étroit sentier taillé dans le roc, et où s'abritait la petite garnison gardienne du passage (pl vi). A quelques heures de ce point est Tripoli; plus grande et plus belle que Beyrout, cette ville n'en est pas moins déchue de ce qu'elle fut autrefois. Sa population a beaucoup diminué, et les Européens en petit nombre n'y trouvent qu'un médiocre intérêt dans un mouvement commercial peu développé. Son territoire est d'une très-grande fertilité, et toutes les productions du pays se réunissent pour y croître en abondance. La situation privilégiée de son emplacement l'avait désignée, dans les temps reculés, au choix des Tyriens, des Sidoniens et des Aradiens qui habitaient l'île voisine, Aradus, pour y fonder une ville, à la création de laquelle ces trois populations contribuèrent en élevant chacune un quartier: c'est ce qui explique le nom de Tripolis sous lequel cette cité était connue des anciens, et qui s'est conservé sans altération dans celui de Tripoli. Les Turcs seuls l'ont corrompu en le prononçant Taraboulos. On peut penser que la plus importante de ces fractions était celle qui se voit encore sur le bord de la mer et que les Arabes appellent El-Mina. Au temps de la marine phénicienne, ce devait être en effet le centre d'une activité considérable, quoique rien ne la rappelle aujourd'hui. A côté d'anciennes constructions d'appareil antique et de fûts de colonnes mutilées, on y voit encore, debout sur le rivage qu'elles avaient mission de protéger, sept vieilles tours carrées, isolées maintenant et tombant en ruine.

Quand l'armée de Godefroy arriva à la hauteur de la ville maritime qui n'était point sur son chemin, elle ne s'en inquiéta pas et passa outre. Ce ne fut qu'après la prise de Jérusalem que, chacun des princes croisés se taillant à sa guise un petit royaume, le comte de Toulouse, Raymond de Saint-Gilles, voulut ériger en principauté à son bénéfice le territoire de Tripoli. Il commença par élever sur un sommet qui domine la route au nord de la ville, qu'on appelait le mont des Pèlerins, un château-fort qui devait commander à la fois le passage et la cité qu'il projetait de fonder. Les auteurs arabes racontent que, pendant la construction de ce château, le célèbre poëte persan Saâdi, qui était venu visiter la Syrie, étant tombé aux mains d'un parti chrétien, fut emmené en esclavage auprès du comte de Toulouse, qui le fit travailler comme manœuvre aux murailles de sa forteresse. Reconnu par un Halepin, Saâdi fut racheté par lui, moyennant dix pièces d'or, le prix du captif le plus infime. — Qui sait si, sans cette généreuse action d'un marchand d'Halep, l'Orient eût connu le livre de *Gulistan*, qui fait encore les délices des lettrés d'Asie, et dont les strophes sont journellement chantées à Chiraz sur la tombe du poëte échappé au fanatisme des croisés? — Du haut de ses créneaux Raymond dicta sa loi aux Tripolitains, qui durent lui payer tribut, mais qui ne lui ouvrirent pas leurs portes de suite. Tripoli ne devint réellement fief du comte de Toulouse et chef-lieu de son autorité qu'après sa mort, lorsque son fils Bertrand l'eut assiégée par mer et par terre. L'ancienne ville phénicienne fut saccagée, les habitants mahométans furent passés au fil de l'épée, et l'incendie consuma la belle bibliothèque qui renfermait 100,000 volumes, sous prétexte que tous ces livres ne contenaient que les abominables doctrines répandues par Mahomet et ses apôtres. Ces actes sauvages, que la guerre ne saurait justifier, même une guerre sainte, appelèrent de terribles représailles. Tripoli, reprise en 1289 par Saladin, vit de nouveau couler le sang en expiation de celui que les soldats de la croix avaient versé : 7,000 chrétiens furent impitoyablement massacrés.

La ville actuelle n'était autrefois qu'une espèce de village habité par quelques tisserands en soie, groupés autour de couvents et de chapelles que les pèlerins du pays tenaient en grande dévotion. Il est probable que, la ville maritime ayant été ruinée par le siége qu'elle avait soutenu et le sac qui en fut la suite, la navigation ayant d'ailleurs par la guerre cessé d'être un aliment pour l'industrie de ses habitants, ceux-ci s'en éloignèrent. Ils durent se rapprocher du château nouvellement élevé, et chercher un abri sous la protection de ses créneaux. Ces fugitifs, augmentés de la masse des Latins attachés à la fortune du comte de Toulouse, créèrent alors la cité nouvelle qui prit le nom de Tripoli, et acquit un très-grand développement. On y compte encore actuellement 17,000 habitants, dont 3,000 sont chrétiens. Il s'y trouve 14 mosquées; quelques-unes ont conservé un reste de physionomie chrétienne, et l'une d'entre elles porte le cachet de l'architecture du moyen âge. On sait, en effet, qu'au temps de l'occupation latine il existait dans cette ville une grande église placée sous le vocable de saint Jean (pl. x).

Tripoli est traversée par un cours d'eau qui, après s'être échappé des ravins du Liban, en prenant les allures vives et saccadées d'un torrent, coule tranquille et reposé au milieu des maisons, pour aller étaler ses eaux presque endormies à travers les jardins dont il entretient la fertilité, avant de se rendre à la mer. Cette rivière, qui s'appelle Kadichah, sépare la ville en deux quartiers reliés par un pont de pierre, dont les deux arches, largement ouvertes, laissent librement s'écouler les grandes eaux du printemps (pl. vii et viii). La cité moderne, aujourd'hui arabe, autrefois chrétienne et latine, est remarquable par la solidité et la beauté des matériaux employés à la construction de ses édifices ou même de ses maisons, toutes en pierres de taille. La plupart de ses habitations ont conservé un aspect qui rappelle un peu celles d'Europe. Elles ne sont pas, comme les demeures des Turcs, privées d'ouvertures extérieures. Elles sont, au contraire, percées de fenêtres assez grandes, laissant pénétrer l'air, le jour et la gaieté. Si quelques-unes sont murées, on voit qu'elles l'ont été après coup, par la jalouse susceptibilité d'un maître musulman. Il résulte de tout cela que Tripoli a un caractère tout particulier qui n'est pas celui d'une ville mahométane; et l'on est conduit à penser qu'elle se présente encore avec quelque chose du cachet que lui imprima l'établissement de ses princes latins. Le château que le comte Raymond y avait élevé est toujours debout. Depuis la chute de Jérusalem, il n'est pas de fait important qui s'y rattache. Il dut, à cette époque, servir de retranchement aux Sarrasins, qui avaient à craindre un retour des croisés et un changement de fortune. Plus tard il renferma une garnison jusqu'au moment où les Égyptiens, ayant envahi la Syrie, en firent un dépôt d'armes et de munitions. Ibraïm-Pacha, obligé d'abandonner sa conquête devant la politique anglaise qui prévalut en 1840, donna l'ordre, en se retirant précipitamment, de faire sauter la vieille citadelle latine, en mettant le feu aux poudres qu'elle contenait. Les puissantes murailles furent peu ébranlées, quelques créneaux s'en détachèrent, mais la solidité de sa construction a conservé ce souvenir de la gloire française du xiie siècle sur la terre d'Asie (pl. ix).

Si les Tripolitains n'avaient pas renoncé à la mer, et si leur principal centre était comme Beyrout assis sur le rivage, il est probable que leur ville eût éclipsé celle-ci. Mais Taraboulos est à environ quatre kilomètres dans les terres, et le port El-Mina n'a aucune importance. Ses rares habitants sont quelques familles de marins et de pêcheurs d'éponges.

III°. — Remontant toujours la côte, en suivant le bord de la mer, où le sentier tracé est souvent balayé par le flot, on traverse d'abord une contrée sauvage et d'une sécurité douteuse pour le voyageur, à cause du voisinage des montagnes habitées par les Ansariêhs ou Nezzariens. C'est une peuplade qui, suivant les uns, tire son nom d'un certain Nezzar, prince égyptien fugitif auquel elle accorda un refuge. Suivant d'autres, ce Nezzar était un vieillard du pays dont l'esprit fut troublé par des rêveries mystiques, à la suite desquelles il se fit chef de secte et endoctrina les populations répandues sur cette partie de la montagne qui s'étend de Tripoli vers Latakieh, et dont le chiffre peut être évalué à 100,000 habitants. Mais comme un schisme en engendre fatalement d'autres, il en résulta que les prosélytes de Nezzar se divisèrent en plusieurs groupes, qui affectèrent chacun une nuance particulière dans le culte qu'ils ont continué de professer.

Nezzar avait imaginé un mélange d'idolâtrie ancienne, de christianisme et d'islamisme. Le soleil, la lune et le Koran, additionnés de quelques extraits de l'Évangile, lui avaient inspiré une sorte de doctrine qui ne saurait porter le nom de religion, et dans laquelle il apportait la confusion qui régnait dans son cerveau. Parmi les diverses sectes qui se formèrent sous l'influence de cet illuminé, auquel ses adeptes donnaient le titre de prophète, on distingue encore aujourd'hui celle des Kadmoussis qui, aux adorations païennes qu'ils partagent avec les Nezzariens, ont ajouté celle de la femme. Ces idolâtres en ont fait le motif de pratiques honteuses qui rappellent les bacchanales de l'antiquité et les fêtes impudiques célébrées en l'honneur de Vénus ou de Priape. Une troisième fraction de ces disciples de Nezzar est la tribu des Hadchachins ou Hassassis. Elle est séparée des premières par un précepte plus absurde encore : aux objets du culte ridicule des deux autres ils ajoutent le chien. Comment s'étonner qu'une religion semblable, si l'on peut qualifier ainsi un grossier assemblage de croyances et de pratiques révoltantes, ait maintenu ceux qui s'y adonnent dans un état de sauvagerie où leurs instincts farouches ne peuvent que se développer davantage? De là leurs mœurs barbares, leur oisiveté, le goût du brigandage, et la répulsion comme la frayeur qu'ils inspirent aux mahométans aussi bien qu'aux chrétiens. Leurs vedettes, en observation au-dessus de la plaine étroite qui est resserrée entre les montagnes et la mer, guettent le passage des voyageurs qui la traversent. Aussi les caravanes trop faibles pour résister à une attaque sont-elles en continuelle défiance jusqu'à ce qu'elles soient sorties de ce coupe-gorge, auquel la nature des lieux prête quelque chose de funèbre. Ce ne sont partout que ruines, cavernes sépulcrales ou tombeaux, au milieu desquels se dressent deux monuments funéraires remarquables par leur structure qui dénote une époque fort ancienne. Chacun d'eux consiste en une base carrée surmontée d'un massif de pierre de forme cylindrique qui se termine par un autre massif de même nature, plus petit, couronné par une calotte sphérique. Aux quatre angles de la base d'un de ces singuliers monuments sont quatre lions ou chiens, d'un galbe indéterminé, qui assis se présentent de face. On croit que ce sont des tombeaux phéniciens.

A quelques heures de ces champs solitaires et incultes que hantent seuls les hyènes et les Ansariêhs, on arrive à Tortose, dont les abords trahissent de toute part l'abandon et la ruine. Cette ville, au milieu de la poussière de ses décombres, conserve néanmoins l'empreinte d'un état florissant dans le passé. C'était la cité que les Phéniciens appelaient Antaradus, par opposition avec Aradus, l'île qui se trouve en face. Les anciens l'appelèrent aussi Orthosia, nom dans lequel on retrouve celui qu'elle porte aujourd'hui. Son rôle dans l'antiquité est peu connu. Cependant il est à croire que, comme pour tant d'autres cités disparues sur ce littoral, il ne fut pas sans quelque importance. Ce que l'histoire a conservé touchant cette ville ne remonte guère plus haut que l'invasion des Latins. Elle fut prise par un chevalier du nom de Raymond Pelet, au temps de la première croisade, et devint un de ces ports dont les chrétiens d'Occident avaient besoin sur ce rivage, seule route de terre par laquelle ils pussent communiquer entre eux ou recevoir des secours d'Europe. Mais en 1188, après la chute de la principauté d'Antioche, alors que les princes de Syrie commençaient à voir se rétrécir le cercle de leurs conquêtes, les musulmans s'en emparèrent. Deux siècles plus tard, la torche incendiaire d'aventuriers chrétiens, qui ravagèrent toutes les villes de la côte syrienne, réduisit en cendres la ville de Tortose. Tout ce qui survécut à cet incendie fut un édifice dont quelques murailles encore debout portent le cachet de l'architecture byzantine; ce dut être le palais d'un gouverneur qui y commandait au nom du comte de Tripoli, dont un écusson porte le blason à demi effacé. Quelques masures, groupées autour de ces vieux murs dont la solidité a bravé les flammes, composent toute la ville actuelle (pl. xi).

L'importance passée de l'Antaradus des Phéniciens avait été rajeunie par les croisés, mais dans un intérêt tout différent. Ce fut au xiie siècle un lieu de pèlerinage en grande renommée. Les Latins y avaient élevé une église qu'ils avaient placée sous le patronage de sainte Marie, et les pèlerins affluaient à Notre-Dame de Tourtouze, comme on appelait alors ce sanctuaire. Seul avec le palais il a échappé à l'incendie allumé en 1366 par une vengeance stérile, et aujourd'hui, debout encore avec ses trois nefs, il est transformé en écurie où s'abritent les troupeaux ou les caravanes.

Tortose est au bord de la mer, et son port, alors qu'il y en avait un, était défendu contre les vents par une jetée construite en gros blocs de granit, que les vagues ont bouleversés. La mer, qui les ronge sans relâche, n'en laissera bientôt plus rien paraître.

En face de cette ville, actuellement réduite aux proportions d'un village, est l'île de Rouad, l'ancienne Aradus, dont la célébrité remonte jusques au temps de la puissance phénicienne, à laquelle l'histoire constate qu'elle contribua par sa marine et ses navires.

Le chemin que l'on suit en remontant vers Latakieh, et qui ne s'éloigne pas du rivage, est rendu très-difficile par le passage fréquent de petites rivières descendant du Liban, et dont quelques-unes présentent de véritables obstacles par leur encaissement, surtout par la hauteur de leurs eaux, et toujours par l'absence de ponts. Cette route passe au pied d'une montagne au sommet de laquelle se dessine la silhouette imposante d'une forteresse qui paraît fort maltraitée et à peu près abandonnée. C'est Merkâb ou Markap, ancienne résidence de l'ordre de l'Hôpital. Les chevaliers durent la céder aux nuées de Sarrasins qui vinrent les y assiéger à l'époque où l'affaiblissement progressif des forces chrétiennes présageait leur impuissance à garder les conquêtes de la croix. La citadelle chrétienne ne put être prise qu'après la mort de tous ses défenseurs. Aujourd'hui elle sert d'abri à des pâtres qui s'y retirent avec leurs troupeaux.

Au delà de Merkâb, on rencontre Djebeli, la Gabala de l'antiquité, la Gibelet des croisés. C'est une bourgade arabe au milieu de laquelle on voit avec étonnement s'élever la masse imposante d'un amphithéâtre romain (pl. xii). Ce témoin d'une civilisation effacée, qui atteste l'importance qu'eut autrefois cette localité, établit un bien triste contraste avec le misérable état dans lequel végète actuellement la population. Cet édifice est encore dans un état parfait de conservation, et ses puissantes murailles, soutenues par les gradins où s'assit la foule des spectateurs, servent d'enceinte à de chétives cabanes où vivent quelques habitants qui, dans leur ignorance, confondent ce monument, destiné aux plaisirs que recherchaient les Romains, avec une forteresse, et lui donnent le nom de Khalà.

Djebeli n'est qu'à quelques heures de Latakièh, qui est une petite ville pittoresquement assise sur le flanc d'une colline couronnée par une mosquée (pl. xiv). Du haut de cette espèce d'acropole, les habitations descendent vers le rivage, dont elles restent séparées par de belles et riches plantations où domine l'olivier. Au delà de ces jardins se trouve la Marine, sorte de faubourg habité par des marins, des pêcheurs, et où les négociants de la ville ont leurs comptoirs. Le port est petit, mais il a du fond, et c'est un des moins impraticables de ces parages. Il était autrefois protégé par un château tombant en ruine qui ne doit pas être d'une construction très-ancienne, si l'on en juge par les matériaux; car on aperçoit, mêlés aux assises de pierre, des fûts de colonnes antiques couchées, servant à relier la maçonnerie (pl. xiii). Quelques traces d'ogives indiquent la main des croisés, et l'on serait tenté d'attribuer cet ouvrage au prince d'Antioche, de qui Latakièh relevait au xiie siècle. Les hommes et la guerre, les tremblements de terre aidant, en ont détruit la partie supérieure, et, malgré la solidité de sa puissante base formée d'énormes blocs granitiques, le flot qui vient du large le bat sans relâche et le mine avec une persistance infatigable qui a déjà eu raison de la maçonnerie séculaire.

Latakièh passe pour avoir été fondée par Séleucus Nicator sous le nom de Laodikea, que les historiens des croisades lui ont conservé dans celui de Laodicée, et qui se retrouve, malgré la corruption, dans celui que lui donnent les habitants de ce temps. L'antiquité y a laissé ses traces, et, si l'on en juge par celles que l'on retrouve, on doit croire que cette ville était une des plus considérables de la Syrie. On y voit en effet des ruines de grands portiques, des restes de colonnades et une portion de monument qui, par ses sculptures, indique qu'il fut élevé en commémoration de quelque victoire. Son port était un des meilleurs de ces parages et pouvait, selon les anciens auteurs, contenir plus de mille galères. Des envahissements successifs causés, soit par les ruines qui y sont submergées, soit par les jardins qui ont empiété sur la mer, en ont considérablement diminué les proportions. Les Romains appelaient cette ville *Laodikea ad mare*, pour la distinguer des autres Laodicées qui étaient en Asie Mineure ou dans la Syrie méridionale. A leur passage d'Antioche en Palestine, les croisés s'y établirent, puis ils la restituèrent à l'empereur de Byzance. Mais le comte de Tripoli s'en empara plus tard et la retint jusqu'à la chute de tous les petits États chrétiens dont les succès de la guerre sainte avaient favorisé la création.

Le rivage de Latakièh est plat et sablonneux. Çà et là quelques bouquets de chênes verts, de caroubiers, projettent leur ombre sur le sable brûlant que blanchit un soleil éblouissant. Un palmier solitaire balance son panache agité par la brise. Au nord un pic isolé domine le paysage (pl. xv). C'est le mont Cassius, en avant d'Antioche, et le dernier piton de la grande chaîne qui sépare la Syrie qu'on peut appeler maritime de celle qui borde le grand désert.

En sortant de Latakièh par le nord-est, on pénètre dans une contrée boisée qui s'élève de plus en plus. Après avoir ainsi monté pendant deux ou trois jours, on atteint un terrain plat où la végétation d'abord clair-semée cesse presque complétement : c'est le territoire de Halep. Cette grande ville, la plus importante et la plus belle de la Turquie d'Asie, est située au milieu d'une vaste plaine qui est déjà le désert; car là commencent la stérilité, la solitude, et les vastes États du Bédouin qui s'y promène en maître, la lance à l'épaule, toujours aux aguets pour satisfaire ses goûts de rapine.

IVe. — Nous avons dit plus haut qu'il existe pour se rendre de Tripoli à Halep une autre route traversant le Liban, passant à Hamâh, et suivant la lisière du désert. Ce chemin est celui que prennent de préférence les caravanes au printemps, alors que les pluies ont grossi les rivières entre Tripoli et Latakièh, et que l'absence de ponts en rend le passage à peu près impossible. En sortant de Tripoli, et prenant la direction du nord-est, on traverse un pays de plaine d'abord, puis qui monte insensiblement, et l'on continue ainsi sans rencontrer de très-hautes montagnes. On franchit plusieurs petites chaînes, plusieurs vallées, çà et là cultivées par des Ansarièhs et où paissent les troupeaux de quelques nomades kurdes ou turcomans. On aperçoit sur la gauche des ruines imposantes placées sur un sommet qui domine le pays : ce sont les restes d'un château appelé Kalà-el-Hosn, un des derniers occupés par les croisés. Ils y soutinrent des assauts répétés, qui n'eurent raison de leur courage et de leur opiniâtreté que lorsque l'armée chrétienne décimée, oubliée par l'Occident, dut abandonner ses conquêtes pour se concentrer sur le rivage de Saint-Jean-d'Acre et y défendre ce dernier rempart de la religion.

Après cinq jours de marche, on débouche dans une plaine qui va en s'élargissant et s'enfonce à perte de vue dans l'est. On a devant soi le désert, et dans l'atmosphère tremblotante que les rayons du soleil agitent au-dessus du sol on distingue faiblement d'abord, puis distinctement, la ville de Hamâh avec ses minarets, ses mosquées et ses maisons surmontées de coupoles arrondies ou coniques, grandes ruches blanchies à la chaux, sous lesquelles les habitants cherchent à se soustraire aux chaleurs intolérables de l'été. Hamâh tient la place de l'ancienne Epiphania sans avoir rien conservé de son antiquité, si ce n'est des restes vagues et informes de murailles et de fortifications séparés du centre actuellement peuplé. La ville moderne a une physionomie plus orientale, plus arabe que celles de la côte. On voit que là l'Europe n'a jamais mis le pied, ni au temps des croisades qui ont modifié l'Orient musulman, ni à notre époque où les besoins du commerce, des échanges, trouvent suffisamment à se satisfaire sur la côte sans pénétrer au delà de la grande barrière qui sépare complétement l'Occident de l'Asie. En deçà du Liban, l'Europe et le christianisme font partout sentir leur influence; au delà, l'Asie et l'islamisme avec leurs mœurs, leur barbarie et leurs traditions restent maîtres absolus de prolonger l'état misérable dans lequel végètent les populations.

On entre dans Hamâh en passant sur plusieurs ponts qui traversent l'Oronte, dont les eaux, retenues par des digues, mêlent le fracas de leurs cascades aux gémissements des grandes roues de bois qui tournent péniblement pour déverser leurs auges dans des réservoirs auxquels communiquent des aqueducs distributeurs de l'eau dans toute la ville (pl. xvi, xvii). Grâce à ces machines hydrauliques, appelées norias, Hamâh est entrecoupé de jardins dont les beaux arbres mêlent leur verdure aux coupoles blanches des mosquées, en donnant une ombre précieuse dans cette plaine embrasée. Quoique cette ville soit éloignée de la Méditerranée et de l'influence européenne, elle n'en est pas moins habitée par un grand nombre de chrétiens. Mais leur existence est assez précaire pour qu'ils aient sans cesse à redouter le despotisme brutal de l'autorité turque, ainsi que le fanatisme et la cupidité des musulmans. Aussi se font-ils pauvres, et sous des dehors affectant la misère on en voit quelques-uns cacher une aisance ou même une opulence qui, si elle était dévoilée, ne manquerait pas de leur attirer les exactions des pachas et les violences des ennemis de leur religion.

De Hamâh à Halep il faut cheminer constamment sur un sol pierreux, aride, qui longe la bordure du désert. C'est une route fort peu sûre, souvent coupée par les Bédouins qui rôdent sans cesse, épiant derrière un accident du sol les voyageurs qu'ils espèrent détrousser. On y rencontre fréquemment des ruines de villes disparues, ruines à peu près sans nom, et dont les faibles traces, recouvertes par les sables, disparaîtront complétement avant peu. La contrée que l'on traverse ainsi ressemble à un vaste cimetière, dont les villes mortes présentent de toute part, à la surface du sol, leurs ossements épars et calcinés par le soleil, et dont les vents soulèvent incessamment la poussière en la mêlant à celle du désert. On voyage pendant de longues heures, que l'aridité du sol et l'ardeur du soleil rendent mortelles, sans rencontrer un homme, et à l'exception des deux haltes de Khan-Cheïkoun et Sarmîn, pauvres bourgades perdues dans cette immense solitude, on est obligé de camper, au risque d'être enlevé par des rôdeurs arabes. Si aucune mésaventure n'a arrêté le voyageur, il arrive le cinquième jour à Halep, dont il aperçoit de loin les nombreux minarets. Au premier aspect il peut juger de l'importance de cette ville, qui est très-belle et de beaucoup la plus considérable de cette partie de l'empire ottoman. Avec ses belles et hautes murailles, ses portes aux ogives gigantesques, ses nombreux et élégants minarets, ses bains, ses mille coupoles, ses aqueducs, ses grands bazars, ses khans magnifiques, elle a toute la physionomie d'une capitale. La citadelle, placée d'une manière tout à fait imposante, sur une éminence du haut de laquelle elle domine la cité tout entière, indique la puissance de ses princes byzantins d'abord, puis mahométans, dont le voisinage fut toujours si fatal aux croisés (pl. xviii, xix). Il est peu de villes en Orient qui soient aussi bien bâties et présentent autant de beaux monuments que celle-ci. Tout y est grand, vaste et riche d'ornementation. Non-seulement les édifices présentent de belles lignes architecturales, où les marbres de couleurs variées se mêlent à la pierre; mais les simples maisons sont, surtout à l'intérieur, disposées et ornées avec un goût d'une élégance qui fait honneur aux architectes halepins, comme à ceux qui font les frais de demeures aussi charmantes (pl. xx). Les arabesques, les bois sculptés, les mosaïques, se mêlent et s'enchevêtrent sous des arcades où le soleil ne pénètre jamais, tandis que, au milieu d'une cour plantée de rosiers, de jasmins et d'autres arbustes odoriférants, l'eau limpide et jaillissante d'une fontaine répand de tous côtés la fraîcheur.

Halep peut passer pour une ville opulente, au milieu de la misère et de l'engourdissement de l'empire ottoman.

Les chrétiens, parmi lesquels on compte plusieurs familles européennes, y sont nombreux. Ils travaillent, trafiquent et galvanisent jusqu'à un certain point par leur contact la population plus arabe que turque. Il en résulte un assez grand commerce, principalement en soieries exportées, soit par la Syrie et l'Asie Mineure, soit du côté opposé en allant vers la Mésopotamie et l'Arménie. De plus, Halep est une ville de transit, et elle est traversée par de nombreuses caravanes chargées pour divers pays où elles portent les produits de l'Occident, qui se croisent avec ceux de l'Asie orientale.

Cette grande cité fut, dans la période florissante de l'islamisme, le siége d'une sultanie fort importante. Feudataires du chef des croyants, alors que celui-ci était le kalife de Bagdad ou le prince de Damas, les sultans de Halep ont, pendant plusieurs siècles, joué un grand rôle dans les guerres qui ont eu pour cause la religion ou l'empire. La proximité d'Antioche et d'Édesse ne permet pas de concevoir comment ces deux petites principautés chrétiennes ont pu exister, la première pendant cent soixante-dix années, la seconde durant un demi-siècle.

La distance qui sépare Halep de l'Euphrate est franchie par les caravanes en quatre jours. Leur dernière étape, avant d'atteindre ce fleuve, est au bourg de Nezib, en face duquel fut livrée la mémorable bataille qui, en 1839, décida du sort de la Syrie que les armées du sultan étaient impuissantes à arracher des mains du pacha d'Egypte. De ce village au grand fleuve arabe il n'y a qu'un pas. Mais là se présente un obstacle qui serait infranchissable, si l'on n'y trouvait de grandes barques dans lesquelles on fait entrer les chevaux et les bêtes de somme que des bateliers, munis de longs avirons, transportent sur l'autre rive. Ce passage a lieu en face de la petite ville de Bir-Hadjik située sur le bord oriental du fleuve, et qui est la porte de la Mésopotamie.

MÉSOPOTAMIE.

Quand on a traversé cette grande artère du continent asiatique, qui s'appelle l'Euphrate et descend des hauteurs de l'Arménie, on met le pied sur la terre biblique, cet antique pays d'Abraham et des premiers pasteurs.

La barque qui, après avoir été à la dérive, a gagné obliquement le milieu du fleuve, remonte peu à peu sous les efforts de ses conducteurs, dont les grands et lourds avirons péniblement soulevés opposent leur résistance à la force du courant. Cette opération laborieuse rapproche le voyageur de la rive gauche, sur laquelle s'élève la petite ville de Bir-Hadjik. Les nautoniers arabes le déposent au pied d'escaliers baignés par les eaux, et qu'il gravit pour aller chercher son gîte, à travers des rues escarpées qui escaladent les pentes abruptes où les maisons s'élèvent en amphithéâtre. (Pl. 21.)

Il est évident, d'après l'aspect et la position de cette bourgade, qu'elle a eu pour mission, dans les temps passés, de défendre les deux rives qui se trouvent sur la grande voie qui, de Syrie, par la Mésopotamie, conduit de Halep à Bagdad. Bir-Hadjik n'a qu'une faible population. Le commerce et l'industrie y sont à peu près nuls, et toute son importance réside dans sa situation sur le bord de l'Euphrate, comme dans ses fortifications qui font face à tous les côtés par lesquels l'accès est possible. Chacune des collines qui dominent la ville est garnie d'un ouvrage à créneaux et à barbacanes. Ces points fortifiés, liés entre eux, se rattachent à un château qui commande à la fois le cours du fleuve, la route de l'est et la ville. (Pl. 22, 23.) — Pour qui voit ces murailles imposantes et les difficultés d'une attaque, il y a lieu de s'étonner que l'un des chefs de la première croisade, Baudouin, ait pu réussir à gagner Édesse, l'Orfa des Arabes, et à y fonder une principauté qui subsista près de cinquante ans. Il faut que lors de l'entrée des croisés en Syrie, les victoires qu'ils remportèrent à Antioche aient terrifié les infidèles, au point de les faire fuir dans toutes les directions, sans songer à s'opposer aux envahissements de leurs adversaires victorieux, même là où la nature des lieux pouvait rendre leur résistance efficace ; car, autrement, comment comprendre que les armées des sultans de Mossoul et de Halep ne se soient pas massées sur les bords de l'Euphrate pour en barrer le passage aux Latins, en s'appuyant sur la position si forte de Bir-Hadjik ? — Il n'en fut rien sans doute, puisque l'histoire nous apprend que le frère de Godefroi de Bouillon marcha vers Édesse à la tête de cent cavaliers, et s'y installa sans coup férir. La conséquence naturelle de cette prise de possession d'une principauté sur la rive gauche de l'Euphrate dut être l'occupation de Bir-Hadjik, afin que les communications avec l'armée de Palestine ne fussent pas coupées, et que le passage du fleuve restât toujours libre.

L'importance de ce passage, et la position de la petite place qui le commande, impliquent l'existence de la ville dans les temps les plus reculés. Son nom de Bir-Hadjik ou El-Bir semble d'ailleurs dérivé de celui de Birtha par lequel, au temps d'Alexandre ou des Romains, était désignée une cité située au même point. Après la bataille d'Issus, Alexandre poursuivant l'armée en déroute de Darius, a dû, comme les Romains après lui, passer l'Euphrate en ce lieu. Birtha a donc été, dans les temps historiques, le point de jonction de la Syrie et de la Mésopotamie, ainsi qu'aujourd'hui Bir-Hadjik est le lieu de transit des caravanes qui se rendent de Halep à Bagdad. Cette position importante a dû être, dans tous les âges, comme elle le sera sans doute dans l'avenir, un point stratégique que, dans les guerres qui ont ensanglanté l'Asie, chacun des adversaires a tenu à occuper et défendre. Il est donc probable que la balistique des temps anciens a nécessité, pour abriter Birtha, des défenses en rapport avec le degré d'avancement de l'art d'attaquer les places. La nature servait merveilleusement ceux qui entreprirent ces ouvrages, et les énormes rocs qui en ont été la base les ont aidés à braver, non-seulement les attaques des hommes, mais aussi celles du temps. Les fortifications qu'on y retrouve actuellement, tout en ayant des racines quinze ou vingt fois séculaires, ont dans leur ensemble l'aspect des constructions modernes. Leur cachet est celui que portaient généralement les défenses militaires du moyen âge, et ne diffère guère de celui que les Latins eux-mêmes ont imprimé à leurs travaux dans ce genre. Aussi l'aspect des murailles de Bir-Hadjik et leur état de conservation font-ils penser que ce point a été sérieusement occupé et probablement fortifié par le comte d'Édesse.

Édesse, qui porte aujourd'hui le nom d'Orfa, est à deux petites journées de Bir-Hadjik. La route que l'on suit franchit avec peine un pays accidenté et difficile qui à l'absence de tout intérêt joint le désagrément d'une marche fatigante. Aussi le voyageur voit-il avec satisfaction s'élever à mi-chemin les murs d'un caravansérail où il peut faire halte. Après y avoir réparé ses forces et rafraîchi sa monture, il poursuit sa course à travers des collines et des rocs d'une nudité désolante. La dernière partie du chemin est parcourue sur une ancienne voie romaine, reconnaissable à ses grandes dalles dont beaucoup manquent, mais dont les autres attestent cette prévoyance soucieuse des communications dont les traces se retrouvent partout où séjournèrent les légions de Rome.

A en croire les livres hébreux, Édesse aurait comme cité une origine aussi ancienne que Ninive, et sa fondation devrait être attribuée également à Nemrod, sans préjudice d'une tradition plus ancienne, comme on va le voir plus loin. Mais son rôle dans l'histoire ne paraît pas remonter si loin. Il ne commence guère qu'au temps de la domination des rois de Syrie, à l'époque desquels elle porta le nom d'Antioche auquel on ajouta, pour la distinguer de l'Antioche de Syrie, celui de la fontaine qui faisait sa renommée, et qu'on appelait Callirhoé. Ce surnom fut cause que plusieurs des chroniqueurs, au temps des croisades, la désignèrent par celui de *Roha*, corruption du mot grec *rhoé*, fontaine. Si l'on s'en rapporte aux historiens les plus accrédités, cette ville, qui aurait partagé le sort de Ninive, devait sa résurrection à celui de ses officiers auquel Alexandre avait confié le gouvernement de la Babylonie, à Séleucus le Grand, le fondateur de la dynastie des Séleucides, près de quatre cents ans avant notre ère. A côté de si respectables et glorieux souvenirs, à côté de ceux qui, plus rapprochés de nous, se rapportent à cette entreprise si aventureuse des paladins de la première croisade, le voyageur s'étonne de voir Édesse, ou l'Orfa de nos jours, réduite aux proportions de la plupart des villes des États du Grand Seigneur, cités amoindries, presque effacées par les ruines qui les encombrent, et qui, disparues en grande partie sous la poussière de leurs propres débris, sont trop vastes pour leur population décimée et misérable.

Orfa est enceinte d'une muraille crénelée, avec tours et fossés dénotant de la part de ceux qui la possédaient autrefois la volonté de s'y défendre à outrance. Au milieu s'élève une sorte d'acropole terminée par un château fort, le tout en ruine, à l'exception d'une mosquée qui a tous les caractères d'une ancienne église du temps des croisades. Il s'y trouve peu d'édifices dignes de remarque, et l'on pourrait passer par Orfa sans en emporter un souvenir, si l'on n'y avait à admirer un chef-d'œuvre d'architecture arabe. C'est une charmante mosquée qui surgit d'un bouquet d'arbres, et dont le minaret, les coupoles et les sveltes arcades se mirent dans l'eau claire et transparente d'un bassin qui se plaît à doubler la gracieuse réalité par son image. (Pl. 24.) La tradition conservée dans le pays fait remonter jusqu'au temps des patriarches la célébrité de ce lieu ; elle prétend que ce fut le berceau d'Abraham : il faudrait donc, avec quelques historiens, penser qu'on est là dans la ville de Ur, patrie d'Abraham.

Dans le vaste réservoir dont les eaux limpides baignent le pied de la mosquée, et qu'alimente une abondante et belle fontaine, la Callirhoé des Grecs, s'ébattent de grosses carpes que la superstition des habitants entretient et considère comme des poissons sacrés. Il faut se garder de scepticisme en présence de ces croyances communes d'ailleurs aux chrétiens aussi bien qu'aux musulmans ; et si, par malheur, on voulait être esprit fort jusqu'à pêcher dans ce vivier où pullulent les vénérables carpes que la crédulité populaire fait contemporaines du père de la nation juive, on risquerait le coup de poignard d'un fanatique, ou d'être lapidé par la foule indignée d'un pareil sacrilège. — Mais comment le voyageur penserait-il, en ce lieu charmant, à braver l'opinion ? N'a-t-il pas mieux à faire en admirant les coupoles, les arcades, les colonnes ou l'éclatant minaret qui se détache sur l'azur du ciel, encadrés par de vigoureux cyprès, et, comme enchantés d'eux-mêmes, se regardant dans le tranquille miroir de la source sacrée ? En face de tant d'élégance et de grâce pittoresque on se sent charmé, et la mauvaise pensée ne vient pas d'insulter aux croyances d'un peuple qui, pour consacrer la tradition venue jusqu'à lui, a élevé sans contredit le temple le plus gracieux où tout vrai croyant puisse rêver au paradis promis par le Prophète.

A Orfa, on est en pleine Mésopotamie, dans cette partie du territoire compris entre l'Euphrate et le Tigre, que les Turcs ou les Arabes appellent Djezireh. Les collines voisines, qui sont comme le premier gradin des montagnes élevées de l'Arménie, s'abaissent et se nivellent pour s'étendre horizontalement jusqu'au golfe Persique. C'est aussi là que commence le vrai désert, là que s'ouvrent ces vastes solitudes où campent les Arabes bédouins, c'est-à-dire nomades, changeant de place selon les besoins de leurs troupeaux, pour chercher l'herbe et l'eau. Les caravanes qui ont à descendre vers Mossoul et Bagdad voient devant elles deux chemins ouverts, entre lesquels elles choisissent selon les saisons. L'un, plus direct et qui abrége le voyage, traverse le pays plat, mais ne peut être suivi que l'hiver ou au printemps, parce que, comme il ne s'y rencontre ni caravansérail ni villes ou villages, c'est dans ce temps seul que l'on peut y trouver du fourrage en vert pour les bêtes de somme. Les voyageurs doivent porter avec eux tout ce qu'il faut pour se nourrir pendant la traversée du désert, dont la durée est d'environ vingt jours jusqu'à Mossoul. L'autre route, indépendamment de ce qu'elle est plus longue, offre à la même époque des difficultés qui pourraient arrêter les caravanes, et qui sont souvent des obstacles même pour les voyageurs qui marchent avec un équipage léger. Cette voie suit les collines au nord du désert, traverse des cours d'eau qu'il faut franchir sans y rencontrer aucun pont, ce qui est toujours difficile et souvent périlleux. Peu à peu elle s'élève et, en quelques endroits, passe à travers des montagnes dont les défilés obstrués par la neige présentent des obstacles insurmontables. Ce sont ces difficultés que les caravanes veulent éviter, en courant les hasards de la disette et de l'inhospitalité du désert. Mais pour le voyageur qui n'a pas pour unique but d'arriver, mieux vaut la seconde de ces routes, parce qu'elle le conduit en pays habité, où quelques centres de populations lui permettent d'apprécier cette partie de l'empire ottoman.

Après deux marches d'Orfa on arrive dans la petite ville de Suverik, et deux autres marches faites en s'élevant de plus en plus, et en traversant une petite chaîne, conduisent à Diarbekhr, grande ville assise sur le Tigre. Ce fleuve, descendu des montagnes voisines de l'Ararat, y est déjà fort, et son rapide courant heurté aux rochers qui l'encaissent se brise en écumant, comme impatient d'étendre tranquillement la nappe de ses eaux au milieu des plaines du Djezirèh. (Pl. 26.)

Diarbekhr est une cité importante, autrefois fort belle. Elle est très-bien bâtie, grâce aux superbes matériaux dont le pays abonde. C'est le lieu de passage des caravanes qui se rendent d'Asie Mineure à Bagdad, ou de Syrie en Arménie. Elle se trouve sur le grand chemin de Stamboul à Bassorah, les deux extrémités des États du Grand Seigneur. Centre d'une contrée fertile, elle a dû jadis à son commerce comme à son industrie de jouer un rôle important à diverses époques. A côté des édifices du culte islamite ou de ceux qui rappellent les princes arméniens qui ont vainement défendu la religion du Christ en combattant les Arabes, on retrouve des monuments du temps où les légions de Rome consacraient leurs conquêtes par l'érection de temples païens ou d'arcs de triomphe en l'honneur de leurs victoires. La trace du passage et de l'établissement de la puissance romaine à Diarbekhr est attestée par les restes magnifiques d'arcades et de colonnades superposées selon les règles de Vitruve, qui donnaient accès dans un temple, un théâtre, ou un palais, car il est difficile de définir l'édifice auquel elles se reliaient. (Pl. 27.) Le quadrilatère qu'elles forment renferme aujourd'hui la cour d'une mosquée, et ce n'est ni aux musulmans ni aux chrétiens, aussi ignorants les uns que les autres des choses du passé, qu'il faut demander des éclaircissements auxquels ils répondraient par quelque fable absurde. Cependant la mosquée comprise dans ces restes de constructions romaines s'appelle *Oulou-Djiami* ou *la mosquée ancienne*, nom qui indique son origine reculée.

A quelle ville de l'antiquité, ou seulement des premiers âges chrétiens, répond Diarbekhr? — On admet assez généralement que ce fut Tigranocerta. Faut-il en conclure que ce fut la capitale d'un Tigrane d'Arménie, ainsi que l'indique ce nom qui est la corruption de la prononciation *Dikrangherd*, qui signifie ville de Tigrane, comme Daráb-Gherd indique la ville de Darius? — Dans l'absence de monuments authentiques, il est très-concevable que l'historien et le voyageur hésitent entre les cités existant aujourd'hui, pour reconnaître celles auxquelles les événements des temps passés ont fait une célébrité. Ainsi, on ne sait au juste s'il faut voir dans Diarbekhr l'Amida des Romains, ou la ville de Tigrane. Ce que l'histoire apprend, c'est qu'un prince arménien, un Dikrân, fut mis en possession de la Sophène, province de la petite Arménie, et qu'il y bâtit, en l'an 78, une grande ville à laquelle il donna son nom. Or, Diarbekhr paraît avoir fait partie de la Sophène, et c'est actuellement la seule localité qui, par son importance, ses constructions, ses monuments et leur caractère, puisse rappeler une certaine splendeur d'un autre âge. Les restes d'architecture que l'on y retrouve indiquent bien, sinon l'établissement d'un gouverneur romain, du moins celui d'un prince qui, soutenu par Rome et aidé par ses arts, aurait créé là une capitale à ses États, comme paraît l'avoir fait ce Tigrane.

De Diarbekhr on descend à travers un pays boisé, coupé de montagnes et de ravins, pour arriver par une pente douce à Mardin. C'est une bourgade perchée au sommet d'une haute montagne. Les maisons qui la composent sont groupées comme les marches d'un gigantesque escalier, se dominant les unes les autres, étant dominées elles-mêmes par les restes encore imposants d'une forteresse qui a été audacieusement plantée et comme accrochée aux rocs les plus élevés de la montagne. De cette hauteur la vue plonge, sans obstacle aucun, par-dessus la plaine infinie qui s'étend au bas et se perd dans l'immensité du grand désert. Mardin est comme le dernier gradin colossal de ce vaste amphithéâtre de montagnes qui se surpassent à l'envi, dont les sommets grandissent à mesure qu'ils se rapprochent de la chaîne du Taurus dans laquelle ils s'enchevêtrent et se perdent, pour en augmenter la masse et l'étendre en montant toujours jusqu'aux pics nuageux du Caucase. C'est au point où se trouve Mardin que se sont arrêtées ces terribles convulsions des premiers âges du monde, dans lesquelles la croûte terrestre, tourmentée, crevassée, s'est soulevée de nouveau en obéissant aux formidables efforts des volcans, pour former cet immense amas de montagnes au milieu desquelles ont vécu jusqu'à nous ces vieux enfants de Sem, que nous désignons par les noms d'Arméniens, de Kurdes, de Géorgiens ou de Circassiens.

Mardin est aujourd'hui couverte de ruines. La population en est bien plus clair-semée que ne le font supposer son étendue et le nombre de ses maisons; beaucoup de celles-ci sont abandonnées. Les caravansérails sont dévastés, les murailles démantelées prouvent qu'elles sont devenues inutiles, et les mosquées elles-mêmes, si elles ne sont pas le témoignage du peu de zèle religieux des musulmans, attestent du moins la pénurie de leur culte. La citadelle, qui a dû braver bien des assauts, n'a pu résister à ceux que les siècles lui ont livrés. Découpée par de larges brèches, elle présente de tous côtés des pans de murailles ébranlés et suspendus au-dessus des habitations sans cesse menacées par leur chute.

On comprend que, placée comme elle est, Mardin ait été jadis un poste important. Sur le chemin de la Mésopotamie, de l'Arménie ou de la Syrie, entre Babylone et Constantinople, elle veillait du haut de son rocher, comme une sentinelle, sur le passage que Grecs, Romains ou Perses y ont disputé. Alexandre a dû s'y frayer le chemin pour courir à Arbelles anéantir la monarchie perse. Julien y a planté ses aigles, et Sapor s'y est heurté à un poste romain. En tout pays se trouvent des lieux destinés à servir de théâtre aux luttes des armées, qui ont été et seront encore comme des champs clos pour ces grands duels des peuples et des nationalités. C'est ainsi que s'explique la dévastation de Mardin; et comme en Orient, dans l'empire turc surtout, rien ne se rétablit, rien ne se reconstruit, ni les monuments, ni les peuples, il suffit que les premiers éléments tombent pour que tout s'écroule et s'anéantisse.

Mardin est en voie de disparition. Avant peu tout ce qui y restera debout sera la foi de ces pères de la Mission, qui veille, se retrempe dans les douleurs et survit aux ruines, en priant sur les générations éteintes. Le nombre des familles chrétiennes que l'on compte parmi les habitants de cette ville, ainsi que dans les environs, en a fait une station de missionnaires qui résident dans une sorte de couvent. (Pl. 23.) Ils s'imposent la tâche, quelquefois périlleuse, d'entretenir la foi orthodoxe au milieu d'un troupeau exposé, d'une part, au fanatisme des mahométans, de l'autre, aux obsessions des schismatiques. Rome qui représente l'unité de religion est loin. Les catholiques de Mésopotamie ne la connaissent que par tradition. C'est pour exciter leur zèle, réchauffer leur croyance, que Rome leur envoie ces fervents apôtres qui, sous la bure du capucin ou la robe noire du lazariste, vont au loin, avec l'abnégation la plus admirable, le courage le plus humble, braver les fatigues, les misères de tout genre, un climat meurtrier, sans compter les avanies et souvent la brutalité de populations sauvages.

Quand on sort de Mardin par la porte de l'Orient, on suit la pente d'un très-mauvais chemin tracé dans les rochers dont les fragments épars roulent sous les pieds. La descente est longue, mais chaque pas du voyageur le rapproche de cette immense plaine qui est la Mésopotamie et s'étend à perte de vue. La première station, après Mardin, est celle de Nizibin, ville ancienne et importante au commencement de notre ère. Elle n'est plus représentée aujourd'hui que par quelques maisons dispersées au milieu des ruines où circulent de rares habitants.

De Nizibin on va à Djezireh, autre bourgade délabrée assise au bord du Tigre, en grande partie peuplée de Kurdes. A en juger par les restes du château posé sur une éminence, cette localité a eu dans un autre temps une sorte de splendeur qu'elle emprunta à la résidence qu'y faisait un des principaux chefs du Kurdistan. Quelle qu'ait été alors l'importance de Djezireh, qui est d'ailleurs le lieu de passage de toutes les caravanes qui vont à Bagdad ou en reviennent, cette importance et les intérêts du commerce, non plus que la commodité des voyageurs, n'ont fait que la traversée du Tigre fût rendue facile par l'établissement d'un pont. Il n'y en a aucun pour franchir le fleuve, sur l'autre rive duquel il faut se porter pour suivre la route qui mène dans le sud. — En vérité, quand on voyage dans ces contrées, on est saisi d'étonnement, et on arrive à être pénétré de tristesse, en voyant avec quelle indifférence les gouvernements qui se sont succédé ont laissé livrées à elles-mêmes les forces des populations; n'ayant rien fait pour augmenter, ni seulement faciliter les communications, les transactions, en un mot satisfaire aux premiers besoins de la civilisation, soit-elle asiatique, et des sociétés quelles qu'elles soient, turques, persanes ou arabes. A l'exception de quelques points principaux, à des distances énormes les uns des autres, les fleuves sans gués, profonds, larges et rapides, sont sans ponts. Quelquefois, là où il y en eut, on n'en trouve que les ruines. Là où il devrait y en avoir, l'obstacle d'un cours d'eau se présente infranchissable. Que dire d'un État qui, sur une superficie de territoire immense comme celle de la Mésopotamie, mesurant plus de mille kilomètres du nord au sud, et quatre cents de l'est à l'ouest, en moyenne, permet que deux grands fleuves comme le Tigre et l'Euphrate le parcourent, le coupent et interrompent les communications de l'Orient à l'Occident, sans avoir la pensée d'établir sur aucun point des ponts pour les franchir? — Ainsi on a vu comment s'effectue le passage de l'Euphrate à Bir-Hadjik : encore là y a-t-il de grands bateaux dans lesquels s'embarquent les voyageurs et les bêtes de somme. Mais à Djezireh il ne se trouve aucune espèce de moyen de traverser le fleuve. Il faut décharger mules et chameaux, les lancer dans le courant à coups de bâton, et, dirigés par un petit âne dressé à cet effet, tous ces animaux fendent les eaux, s'en vont à la dérive jusqu'à ce qu'ils aient pu atteindre l'autre bord après une lutte pénible contre le courant. Quant aux voyageurs, aux muletiers et aux charges, on les empile sur un petit radeau fait de bois, placé sur des outres renflées, et, abandonné au fil de l'eau, le tout arrive avec l'aide de Dieu sur la rive opposée. Une fois là, on recharge les bêtes, on se remet en chemin, sauf à recommencer plus loin une manœuvre semblable, heureux si l'on trouve un radeau; quand il n'y en a pas, on passe à la nage. — Quelle insouciance des peuples! quelle impéritie des gouvernants! — de Djezireh à Mossoul, on suit une contrée boisée, accidentée, où l'on rencontre des villages dont plusieurs sont habités par des chrétiens pour la plupart jacobites. Après s'être éloigné du Tigre pour prendre un chemin qui offre au voyageur des ressources qui sont loin de se trouver partout dans ces contrées dépeuplées, on se rapproche du fleuve que l'on côtoie en arrivant à Mossoul.

Cette ville est le chef-lieu d'un pachalik étendu qui comprend une partie du pays montagneux des Kurdes, et s'étend, dans le sud et l'ouest, de chaque côté du Tigre, sur les plaines, ou, pour mieux dire, sur les solitudes de la Mésopotamie septentrionale. Les populations de ce pachalik sont très-bigarrées, et se distinguent les unes des autres par la nationalité, le langage, la religion et les mœurs. Les Arabes du désert ou des villages composent, avec les Kurdes, la partie mahométane qui ne voit pas sans ombrage les nombreux chrétiens de toutes sectes vivant à côté d'elle. Dans les environs de Mossoul sont de grands et beaux villages, les uns chrétiens, les autres musulmans, dont les habitants s'adonnent à la culture des terres et à de petites industries qui trouvent leur rémunération dans les bazars de la ville. Les montagnes voisines sont peuplées d'un plus grand nombre de chrétiens que la plaine, parce que, retranchés dans les rochers et dominant les chemins qui conduisent chez eux, ils y trouvent plus de sécurité à côté de leurs farouches voisins, et plus d'indépendance vis-à-vis des pachas toujours trop enclins à une partialité despotique qui se traduit par des exactions sans pitié.

Dans les siècles passés, Mossoul a eu une plus grande importance que de nos jours. Elle a eu ses sultans particuliers, et l'un d'eux, célèbre par sa férocité autant que par son courage, a figuré à la tête des armées musulmanes qui combattirent et harcelèrent sans relâche celles que les croisades de l'Occident envoyèrent vers les lieux saints. Aujourd'hui, rangée sous l'autorité de la Porte, ville de second ou de troisième ordre, éloignée de Constantinople, elle est rarement l'objet de l'ambition d'un pacha turc. Aussi n'est-ce point une faveur que d'y être envoyé, et l'effendi qui s'y rend tristement sur un ordre du Grand Seigneur se considère-t-il comme exilé. Soit que l'administration ottomane y ait tari les sources de la vie, soit que les fléaux naturels, la peste et le choléra qui se sont tant de fois appesantis sur cette ville, en aient décimé la population, on y est attristé par la solitude des rues, par l'abandon des plus belles maisons, par les ruines qui, au dedans comme au dehors, couvrent le sol de la cité ou ses environs. Mossoul ne présente donc rien de remarquable; les mosquées même sont privées de ce luxe d'architecture ou de décoration qui atteste, dans tant d'autres villes turques, la dévotion des mahométans. (Pl. 30, 31, 32.)

En sortant de Mossoul par la porte du Pont, et quand on a traversé le Tigre, on se trouve sur la rive gauche, en face de monticules assez étendus auxquels les gens du pays ont donné le nom vulgaire de *Khouïoundjouk* ou *Mont des moutons*, parce que le sol abandonné n'est plus foulé aujourd'hui que par les troupeaux que l'on y mène paître. Cependant à ces éminences couvertes d'herbes et de broussailles se relient les extrémités d'une vaste enceinte, restes évidents d'un rempart très-épais et encore très-élevé. L'une de ces éminences est factice, c'est-à-dire qu'elle porte les traces de construction que prouve d'ailleurs sa forme régulière; l'autre, qui est naturelle et rocailleuse, laisse également apercevoir çà et là des vestiges de maçonnerie antique au-dessous des maisons d'un village arabe qui porte le nom de *Neiniveh* ou *Nebi-Iounous*. (Pl. 35.) Dans le premier de ces noms il n'y a aucune hésitation pour retrouver celui de Ninive. Quant au second, qui signifie tombeau de Jonas, il est dû à une pierre ornée de caractères que les musulmans conservent religieusement dans une petite mosquée attenante au village. Le fanatisme des habitants ne permet pas de voir cette relique qu'ils disent être la pierre sépulcrale du Prophète. Il est probable qu'elle porte une inscription assyrienne, mais on ne peut la vérifier : il faut s'en rapporter au dire des gens du pays et croire. Les ruines de *Khouïoundjouk* furent le point de départ des investigations qui conduisirent à celles de Khorsabad, village arabe situé à une vingtaine de kilomètres au nord de Mossoul. On sait[1] que là furent découverts les restes immenses et magnifiques d'un palais assyrien, dont les murs sont revêtus de sculptures et d'inscriptions qui ont fait l'admiration aussi bien que l'étonnement de notre âge réduit jusqu'ici aux conjectures et aux traditions. Ces deux points, *Khouïoundjouk* ou *Neiniveh* et *Khorsabad*, distants l'un de l'autre de 15 à 20 kilomètres, peuvent être considérés comme les extrémités du territoire antique sur lequel s'étendait, il y a plus de vingt siècles, la vaste cité dont la ruine fut si bien prédite par le prophète Jonas, et qu'il mit trois jours à parcourir en l'anathématisant. De la ville même il ne reste rien qu'une poussière aride et stérile. Mais les bas-reliefs de *Khorsabad*, comme ceux du *Khouïoundjouk* découverts plus tard, donnent une idée grandiose de ce que pouvaient être ces demeures royales où Sardanapale et Sennachérib étalèrent leur fastueuse mollesse et leur pompe guerrière et religieuse. Mossoul a donc au moins à défaut d'autre mérite aujourd'hui celui de représenter l'emplacement de Ninive, d'en rappeler le souvenir, et de permettre au voyageur d'y retrouver des traditions qui en consacrent la mémoire. Tant d'autres villes de l'antiquité ont disparu, et, nivelées actuellement, ne présentent plus qu'une terre inculte sur laquelle aucune trace ne s'aperçoit, qu'on est heureux de trouver là, comme un monument tumulaire, une ville nouvelle, qui indique la sépulture de cette fière rivale de Babylone, où furent ensevelis ensemble une grande dynastie, le luxe d'une cour fastueuse, une civilisation digne d'admiration et la nation qui l'avait créée.

Si l'on s'en rapporte, comme indice de la position qu'occupait la ville de Ninus, aux ruines retrouvées, il faut penser qu'elle se développait sur la rive gauche du Tigre. Sur celle opposée, au contraire, est assise la cité moderne. Mossoul est le centre d'un commerce qui ne manque pas d'activité, et qui subvient aux besoins des Arabes du désert, des Kurdes ou des chrétiens, dont les villages l'avoisinent. Elle est constamment traversée par des caravanes venant de Bagdad ou s'y rendant, soit du nord par Diarbekir et Djezireh, soit de l'ouest et de la Syrie, par Orfa ou le désert. Mossoul est aussi la résidence d'un pacha qui a le gouvernement du pachalik auquel la ville donne son nom. Son autorité s'étend sur un pays qu'habitent des populations très-diverses. Arabes nomades, Kurdes, Yezidis, chrétiens de toutes communions,

---

1. Découvertes faites en 1844 par MM. Botta et Flandin.

composent une agglomération d'éléments populaires hétérogènes, constamment insoumis et en guerre les uns avec les autres.

Toute la contrée qui s'étend de Mossoul au golfe Persique est admirable par son climat et la fécondité de son sol. Mais elle manque de bras; la culture y est restreinte aux besoins d'une population clair-semée qui ne demande à la terre que ce qu'il lui faut pour vivre et satisfaire les collecteurs des pachas. La Mésopotamie serait le grenier de cette partie de l'Asie, si l'agriculture y était, non pas encouragée, mais seulement laissée à ses forces libres. Sous un gouvernement intelligent et favorable à l'industrie agricole, ce vaste pays pourrait revoir les temps florissants de Sémiramis. Le pachalik de Bagdad est une des parties les plus importantes du continent asiatique, et la position de cette grande ville sur un beau fleuve qui descend vers l'océan des Indes, sa situation à l'extrémité de l'empire ottoman, et presque à la limite de l'empire anglo-hindou, sur la frontière de Perse et sur celle d'Arabie, lui assignent une importance incontestable comme centre d'action politique. Bagdad même est au milieu d'un territoire dont la fertilité serait incalculable dans des mains qui en sauraient tirer parti, au lieu de laisser improductifs les trésors de son humus que le soleil brûle sans le féconder, ou que le simoun balaye en portant au loin sa poussière éparpillée. Telles sont les réflexions que fait le voyageur qui, de Mossoul à Bagdad, foule un sol qui ne demande qu'à produire. Il traverse des villages entourés de jardins, de grands massifs de palmiers, ou des champs dont la moisson prouve ce qu'on peut attendre d'une terre généreuse.

Jusqu'à Bagdad, les étapes sont longues et pénibles à cause de la chaleur. On passe dans Arbil qui est l'ancienne Arbelles, d'où Darius vaincu dut s'enfuir jusqu'à Persépolis pour y cacher sa défaite. La petite ville de Kerkouk est une autre halte qui ne présente aucun intérêt. A mesure qu'on se rapproche de Bagdad, le nombre des dattiers augmente, et, aux environs de cette ville, les plantations de palmiers sont si étendues, qu'elles présentent l'aspect de véritables forêts. Bagdad s'offre à la vue des voyageurs avec tout le prestige que lui prêtent le souvenir des kalifes et la civilisation de cette ère célèbre de l'islamisme; mais la cité, rivale du Kaire en kalifat, est bien déchue : les ruines écrasées couvrent le pied des édifices où se retrouve à peine visible la trace d'Haroun-el-Réchid et de Zobeïdèh. Çà et là, en cherchant bien, on découvre dans quelque coin des bazars, sur le rivage du Tigre, au milieu des décombres qui ont perdu leur nom, des pans de murs sur lesquels se lisent des fragments d'inscriptions. (Pl. 36-37.) Çà et là aussi s'élèvent quelques minarets d'origine ancienne, ou quelques débris de portail émaillé, dont les mosaïques de couleur se détachent sur un fond de maçonnerie brisée, sans que les Turcs se soucient de la disparition de ces témoins d'une civilisation qui égala presque celle de Byzance. A l'exception de ces débris aussi rares que dénués d'intérêt, on remuerait vainement la poussière amoncelée dans Bagdad. Cette grande ville n'a rien conservé qui rappelle ses glorieux kalifes, et l'on y cherche inutilement la place de ces vieux temples mahométans où les Abassides ceignaient leur cimeterre avant de courir à de nouveaux et barbares exploits. Si la trace de cet âge héroïque des mahométans n'est point encore effacée à Bagdad, elle y est cependant tellement incertaine, tellement perdue au milieu des ruines qui couvrent cette noble cité, que le souvenir seul du passé est resté debout à côté de la dévastation du présent. Les onze siècles qui se sont écoulés depuis sa fondation par Abou-Safer-el-Mansour, les guerres, les envahissements des Turcomans rebelles à l'autorité des kalifes, les inondations du Tigre et jusqu'aux orages venus du désert, tout a contribué à la destruction des splendides édifices dont la civilisation arabe et une foi exaltée avaient doté cette superbe reine de l'islam.

Le voyageur doit laisser aujourd'hui ses illusions à la porte de Bagdad, avant d'y entrer pour y apprécier la réalité. Qu'il se contente d'y chercher la ville moderne, d'y voir les mosquées nouvelles, les arts analogues à ceux de la Perse, il y trouvera encore assez d'aliments pour rassasier sa curiosité, sinon pour exciter son admiration. Le grand fleuve arabe, le beau ciel de Mésopotamie, qui reflète son azur sur les faïences des coupoles ou sur les gracieux panaches d'innombrables palmiers, lui offriront encore assez d'attraits pour que Bagdad reste dans son souvenir. Vastes entrepôts des marchandises de l'Inde, de la Perse et de la Turquie, les bazars de cette ville réunissent les productions de plusieurs pays et une variété infinie d'objets d'art qui rivalisent de goût et d'originalité. C'est là que viennent se décharger les *bagalos* du golfe Persique, les caravanes de l'Asie Mineure et les nombreux chameaux de l'Arabie et de la Syrie. De l'orient à l'occident, du nord au sud, toute l'Asie afflue à Bagdad : c'est le grand marché d'un riche commerce, le centre de relations auxquelles participent tous les peuples de cette partie du monde. Pour donner une idée des transactions commerciales qui ont lieu à Bagdad, il suffira de dire qu'on y compte soixante maisons de commerce européennes, par lesquelles sont représentées toutes les nations d'Occident.

Bagdad a l'aspect d'une grande ville, et de loin ses minarets, ses nombreuses coupoles, la font distinguer au milieu de l'immense désert qui l'entoure, et où elle semble placée comme une oasis. Du côté de l'orient, elle présente une longue ceinture de murailles en assez bon état, que protégent quelques bastions et un large fossé facilement submersible par les eaux du Tigre. Cette enceinte s'appuie par ses deux extrémités au rivage du fleuve qui baigne la partie occidentale de la ville. C'est de ce côté que Bagdad se présente sous l'aspect le plus favorable. Le palais du pacha, les mosquées, les cafés, les maisons ou les jardins qui se succèdent en se reflétant dans l'eau, forment un très-beau coup d'œil. En face de ce quartier bâti sur la rive gauche du Tigre, s'en élève un autre moins important qui se lie au premier par un immense pont de bateaux. (Pl. 38.) Sans cesse traversé par des caravanes de Bédouins, des pèlerins qui vont visiter le tombeau d'Ali à Kerbelâh, ou des cavaliers de tribus nomades qui regagnent leurs tentes sur le bord de l'Euphrate, ce quartier est ouvert, et, quoique beaucoup moins considérable que celui de la rive gauche, il a néanmoins une importance qui peut le faire passer pour une seconde ville, d'autant mieux que sa population ne ressemble guère à celle du bord opposé. Elle se compose exclusivement d'Arabes du désert qui y sont logés temporairement, et de Persans qui s'y trouvent en grand nombre. La différence de religion et la haine qui les sépare des *sunnites* leur ont fait adopter ce quartier. Ils y sont plus à l'abri des vexations de la populace de Bagdad, et plus en liberté d'aller et de venir entre cette ville et Kerbelâh, lieu de pèlerinage où la mosquée d'Ali et de Husseïn attire les *chyas*.

La partie de la ville comprise entre le Tigre et les murailles est très vaste; mais il s'en faut de beaucoup qu'elle soit entièrement couverte d'habitations. Dans la partie orientale et vers celle du sud, il y a d'immenses terrains sur lesquels s'élèvent quelques ruines abandonnées presque toutes à la pâture que viennent y chercher les chameaux. On voit par cette étendue comprise dans l'enceinte fortifiée qui date des kalifes, que Bagdad eut autrefois une importance incomparablement supérieure à celle qui lui reste. La population actuelle n'est plus que d'environ cinquante mille habitants, parmi lesquels il y a un grand nombre de chrétiens de diverses communions et des juifs.

Le pachalik de Bagdad était autrefois héréditaire et indépendant, à la condition que les pachas rendissent hommage au Grand Seigneur. Aujourd'hui c'est la Porte qui les nomme. Cette province est une des plus importantes et en même temps une des plus difficiles à gouverner de l'empire. L'autorité du pacha de Bagdad s'étend du golfe Persique au Kurdistan, et de la frontière persane au delà de la rive droite de l'Euphrate; c'est-à-dire sur une étendue de deux cents lieues en longueur et d'à peu près cent lieues en largeur. Cette autorité est plus nominale qu'effective à cause de l'esprit d'indépendance des populations sur lesquelles elle doit s'exercer, et par suite de l'extrême mobilité de la plus grande partie d'entre elles. Le pacha de Bagdad n'a pas assez de troupes régulières pour tenir tête aux tribus nomades quand elles se révoltent, et lui-même a été plus d'une fois bloqué par les Arabes.

Ce territoire compte, en effet, quatre grandes tribus dont les tentes nombreuses se groupent dans le désert : celles des Monteliks, des Châmars, des Aboubiels et des Djerbâs, qui peuvent réunir près de 20,000 cavaliers. Quelque peu aguerris et peu redoutables qu'ils soient individuellement, leur nombre ne laisse pas d'être inquiétant, et quand ils tiennent la campagne il est presque impossible de sortir de la ville.

De tous les motifs d'intérêt qui sont attachés à Bagdad ou à son territoire, l'un des plus puissants est le souvenir de Babylone et la place reconnaissable encore qu'occupait autrefois cette célèbre métropole du royaume fondé par Bélus. Ce grand nom de Babylone, resté dans la mémoire des hommes après la disparition de la cité qu'il représente, est remplacé actuellement parmi les Arabes par celui de *Hellah* que porte une petite bourgade élevée sur la rive droite de l'Euphrate, à peu près au centre de l'emplacement jadis occupé par la ville de Sémiramis.

Le voyage de Bagdad à Hellah est très-pénible dans la saison des chaleurs; aussi quelques bonnes âmes, poussées par la charité ou par le besoin de racheter de grandes fautes, ont-elles eu la pensée de faire exécuter, à des distances très-rapprochées, des lieux de repos, des khans où l'on trouve quelques rares habitants qui fournissent aux voyageurs de l'eau, du pain, de l'orge ou de la paille, dont on manquerait absolument sans eux. On ne peut marcher que la nuit; le jour, enfermé dans des écuries, sous des voûtes impénétrables au soleil, on attend qu'il ait disparu derrière la ligne bleuâtre du grand désert d'Arabie qui forme l'horizon. On évite ainsi ses rayons ardents et presque mortels; mais on étouffe en aspirant les bouffées brûlantes que ne cesse d'envoyer le *sam*, ce fléau des voyageurs dans ces contrées si peu hospitalières. Le *sam*, *samyeli* ou *simoun*, car il porte ces trois noms, suivant le pays où il passe, est un terrible ouragan. C'est une avalanche de sable torréfié que soulève le vent impétueux du Sahara. Il passe comme une flamme, renverse, brûle et tue souvent. Rien ne peut en donner une idée. On le pressent, on le voit venir quelque temps à l'avance. Des courants d'air, à une température élevée, arrivent par intervalles : précurseurs de la tempête, ils avertissent les hommes qu'ils aient à se soustraire à ses effets. Alors il faut se cacher, s'abriter si l'on peut; les animaux, remplis d'épouvante, l'oreille basse, l'œil morne, courbent la tête et semblent dans l'attente anxieuse de quelque chose qu'ils redoutent. Le vent devient plus fort, la chaleur augmente, l'air respirable se raréfie. A l'horizon, du côté d'où vient la tempête, une bande rouge, opaque, barre le ciel. La bande sinistre s'élargit, et la frange dorée par le soleil monte lentement avec le nuage redouté. Une lueur livide couvre le désert, elle semble un reflet de la mort. Le nuage monte toujours et s'approche; il est immense et cache le soleil tout entier. Tout devient sombre, l'obscurité se fait, la tempête rugit alors de toutes ses forces, la rafale impétueuse courbe ou brise tout sur son passage. Un vent sulfureux brûle, asphyxie; les hommes se mettent à plat ventre cachés sous leurs manteaux, les animaux tremblants ouvrent les naseaux avec terreur, et se couchent les uns à côté des autres; leurs crins agités se dressent et se mêlent. Les plis des manteaux volent en tournoyant, les broussailles desséchées voltigent et se heurtent en tous sens; le palmier solitaire baisse sa tête, et ses rameaux flexibles, tourmentés, dépouillés, se penchent jusqu'à terre où ils se souillent de poussière. Tout semble mourir dans les convulsions; les arbres crient en se tordant, les pierres roulent et se fracassent en se rencontrant, le sable siffle et grince emporté par la tourmente; les êtres vivants, ou plutôt palpitants, à moitié morts, sont seuls immobiles et muets. Le soleil est impuissant à percer l'enveloppe opaque et roussâtre qui couvre toute la contrée; enfin ses rayons se font jour peu à peu; le vent mollit, l'air est toujours brûlant, mais moins empesté; l'orage va plus loin, il continue sa course et porte en d'autres lieux le ravage et la mort. Les voyageurs qui ont échappé à la tempête se redressent, les animaux se hasardent à lever la tête, ils sont tout couverts d'une couche de sable impalpable, brillant et calciné, qui a pénétré partout et les empêche de respirer. Le *sam* est passé, on le voit avec horreur s'éloigner; mais on le redoute encore jusqu'à ce que le terrible nuage ait disparu.

Il faut deux jours divisés en cinq étapes pour atteindre Hellah. Cette petite ville est à 78 kilomètres de Bagdad. Sur ce parcours la contrée qu'on traverse entre les deux grands fleuves qui renferment la Mésopotamie est complétement déserte; on n'y rencontre de loin en loin que quelques tentes d'Arabes *beddaouïs* ou nomades, groupées autour des puits où viennent s'abreuver les caravanes. On sait par la tradition historique jusqu'où les Babyloniens avaient porté la fertilité de cette immense plaine que l'insouciance musulmane a laissée se transformer en désert. Elle était coupée en beaucoup d'endroits par de grandes et profondes tranchées qui mettaient en communication les eaux de l'Euphrate et celles du Tigre. Par ces travaux gigantesques, on avait créé des canaux navigables qui remplaçaient les cours d'eau naturelle dont on manquait, et qui faisaient ainsi circuler les produits de toute sorte en alimentant un commerce très-florissant. Enfin, au moyen de saignées habilement disposées, l'eau était distribuée avec art à travers les champs où les irrigations portaient la fécondité. De tous ces ouvrages qui faisaient tant d'honneur à l'industrie des Babyloniens, il n'en reste plus aujourd'hui que deux où les eaux n'aient pas vu leur route obstruée complétement par les éboulements et l'entassement des terres. Un premier canal est à 8 kilomètres de Bagdad; on le traverse sur un pont de bateaux. Quelques grandes barques y naviguent lorsque la hauteur des eaux établit la communication de l'Euphrate au Tigre; mais pendant plusieurs mois de l'année l'abaissement des eaux interrompt cette communication. A 27 kilomètres plus loin, on en traverse un second qu'on appelle *Nahr-Malkhah*. Il est aujourd'hui complétement à sec, et en partie comblé. On en rencontre successivement quatre autres plus étroits, tous desséchés, mais auxquels les Arabes n'en ont pas moins conservé le nom de *nahr* ou canal. En effet, toutes ces tranchées sont bien le résultat du travail des hommes, dans un autre temps que celui où l'incurie du gouvernement turc et la paresse fataliste des Arabes devaient reprendre le dessus. Cependant, avant d'arriver aux ruines de Babylone, on franchit sur un pont un dernier canal dans lequel on trouve de l'eau courante.

Tous ces canaux suivent des directions parallèles, et les eaux que les grandes crues parviennent à y déverser encore sortent toutes du lit de l'Euphrate, ce qui prouve qu'il est, du moins jusque-là, plus élevé que celui du Tigre. Les débordements périodiques des deux grands fleuves de la Mésopotamie, à l'époque de la fonte des neiges dans les montagnes de l'Arménie où ils naissent et où ils reçoivent de nombreux affluents, servent certainement à expliquer ces canaux qui coupent le pays de l'Euphrate au Tigre. Ces travaux étaient trop gigantesques, ils étaient exécutés dans des proportions trop colossales, pour n'avoir été entrepris que dans un intérêt d'arrosement. Il faut leur attribuer un but plus utile encore, celui de préserver la contrée de la submersion presque complète au printemps, à laquelle elle n'échappe plus aujourd'hui. En même temps la culture en profitait, les racines de tous les végétaux trouvaient une nourriture abondante dans le sol où d'innombrables irrigations faisaient pénétrer l'humidité; et leurs fruits, échauffés par un soleil ardent, mûrissaient vite en faisant place à de nouvelles récoltes.

Ainsi ce que la simple prudence avait commandé tournait au profit d'une richesse territoriale devenue proverbiale en Asie. Il n'y a plus là aujourd'hui ni prudence, ni industrie agricole. Il ne reste que la misère apathique de l'Arabe nomade à côté des rares monuments d'une antiquité qui fait honte au temps actuel. L'Euphrate et le Tigre, dès que l'hiver est passé, font irruption par-dessus leurs rives qu'ils franchissent pendant plusieurs mois. Les campagnes sont inondées, les récoltes compromises là où il y en a. Le désert se change en lac sur de vastes espaces de terrain, les villes emprisonnées laissent tomber leurs murailles, les habitants périssent sous leurs maisons écroulées, et Mahomet lui-même voit ses temples s'anéantir par l'insouciance de ses fidèles croyants. Mossoul, Bagdad, Hellah, tous les villages qui bordent le Tigre ou l'Euphrate sont victimes aujourd'hui de l'abandon où les Turcs laissent les canaux de la reine de Babylone, Nitocris mère de Balthasar, qui illustra le règne de son fils en gouvernant à sa place.

Des bords du dernier cours d'eau canalisé on commence à distinguer, au-dessus de la ligne horizontale du grand désert qui s'étend jusqu'à Bassorah, les ondulations d'un sol accidenté que dominent quelques rares monticules. Ces éminences, qui de loin ne paraissent être autre chose que des accidents naturels, sont tout ce qui reste de Babylone. On parcourt 13 kilomètres sur un terrain ainsi relevé et ondulé de toutes parts. Le plus considérable de ces monticules s'appelle *Babel* ou *Mudjélibêh*. Ainsi le nom de *Babel* est resté traditionnellement, et l'on désigne encore aujourd'hui l'emplacement qu'occupa la fameuse tour qui causa la confusion des langues par ce mot *Mudjélibêh* qui signifie *renversé de fond en comble*. Cette ruine, dont l'antiquité ou du moins le nom remonte jusqu'au déluge, se présente sous la forme d'un vaste plateau rectangulaire du sommet duquel se sont éboulées sur les quatre côtés des terres qui forment tout au tour un plan incliné dont la base est très-étendue. En gravissant ces pentes où les pluies ont creusé une multitude de petits ravins, on trouve à la surface du sol des débris de briques et des arrachements de constructions, principalement aux angles, qui font présumer que l'édifice était protégé par des tours. Il est facile de reconnaître que ce grand monticule représente aujourd'hui un immense massif élevé en briques crues séchées au soleil, mais que ses revêtements ont été faits avec des matériaux plus solides, peut-être de grandes pierres, mais plus probablement des briques cuites. On trouve là beaucoup de fragments de ces dernières portant des inscriptions cunéiformes et encore enduites d'une couche de bitume qui avait servi à les lier aux murs qu'elles recouvraient. La longueur du *Mudjélibèh* est de 166 mètres, sa largeur de 160, et sa hauteur actuelle au-dessus du sol de la plaine n'est pas moindre de 36 à 40 mètres. Autour de cette ruine, quelques mouvements de terrain qui se succèdent parallèlement à sa base semblent se rapporter à une enceinte dans laquelle l'édifice qu'elle rappelle aurait été enfermé. On y trouve également des débris de briques. — Que de souvenirs ne rappellent pas à l'esprit ces vestiges! La mémoire du voyageur est obligée de remonter au berceau du genre humain pour en chercher l'origine. De quel respect ne se sent-il pas saisi à l'aspect de cette poussière foulée par les fils de Noé, selon l'Écriture! Il se demande si ce sont là les restes de cette immense tour qui, n'ayant pu atteindre le ciel, servit du moins aux mages chaldéens pour étudier les constellations. Que si cette antiquité remontant au déluge lui paraît trop reculée, il s'arrête à Bélus et reconnaisse dans cette ruine, qui a conservé à travers les générations le nom de Babel, le temple fameux élevé en l'honneur de Baal, que pilla Cyrus et qu'il renversa ensuite de fond en comble, comme les Arabes l'indiquent par l'autre nom qu'ils lui donnent : *Mudjélibèh*. Ainsi cet édifice daterait de près de quatre mille ans et sa destruction remonterait encore à plus de deux mille trois cents ans.

Au sud de cette éminence on en voit une autre qui porte le nom de *Kasr*, qui signifie palais ou château. La base en est très-irrégulière, mais fort étendue. Elle n'a pas moins de 800 mètres de circuit. Son état actuel offre plutôt l'aspect d'un monticule naturel que celui d'une ruine. Cependant çà et là on y découvre des traces de murs en brique; mais ces restes de constructions ont été tellement exploités par les habitants de Hellah, qui en arrachent les briques cuites pour bâtir leurs propres maisons, qu'il est impossible de reconnaître une forme ou un plan quelconque. On y voit un fragment de lion colossal en granit gris, dont l'exécution grossière diminue beaucoup l'intérêt que pourrait présenter une sculpture babylonienne. — Le nom de *kasr*, signifiant palais, rappellerait-il le palais de Sémiramis et les jardins suspendus? Mais rien, absolument rien, si ce n'est son étendue, ne justifie dans cette ruine son identité avec le célèbre ouvrage de l'épouse de Ninus. Les souvenirs historiques gardés dans la mémoire des hommes vont bien au delà de ceux que conserve ce sol où tout a péri et s'efface de plus en plus. Beaucoup d'autres éminences liées aux précédentes ou éloignées d'elles provoquent les investigations, mais elles laissent le regret de n'y voir autre chose que de la terre ou quelque construction moderne décorée d'un nom musulman, comme celle qu'on appelle *Amran-Ebn-Ali,* où est enterré, dit-on, un des descendants d'Ali.

C'est en passant au milieu de ces terrains accidentés, hérissés çà et là de ruines qui n'ont d'autre intérêt que de rappeler le site de Babylone, que l'on arrive à la petite ville de Hellah. Elle est située sur la rive droite de l'Euphrate, et l'on y entre par un pont de bateaux qui fait face à l'une de ses portes. (Pl. 50.) Hellah est une bourgade arabe servant de halte aux Bédouins qui viennent du grand désert y chercher le passage du fleuve. Elle est presque entièrement construite avec des briques cuites arrachées aux ruines de Babylone. Cette manière économique de bâtir n'est pas une des moindres causes de la disparition presque totale des restes de la ville antique.

Sur cette rive de l'Euphrate, on distingue aussi quelques mouvements de terrain semblables à ceux de la rive gauche. Or, on sait que Babylone s'étendait de chaque côté du fleuve, et que la reine Nitocris fit construire un pont pour joindre les deux quartiers de la ville. Les éminences de la rive droite ne présentent aucun intérêt, à l'exception de celle qui est la plus éloignée et qui se trouve à 9 kilomètres de Hellah. Elle porte les vestiges d'un édifice qu'on appelle Birs-Nemrod, et ce sont les seuls qui soient restés debout au milieu de la destruction complète de tout ce qui fut dans cette partie de Babylone. Le monticule qui sert de base à ces murs contemporains du premier des rois s'élève à 60 mètres au-dessus de la plaine. Il compte 194 mètres de longueur et 150 de largeur. Au sommet, et presque au centre, se dresse un pilier massif construit en briques semblables à celles qu'on trouve sur les autres points. De distance en distance, et symétriquement disposées, sont des ouvertures dont le vide traverse l'épaisseur du pilier, mais dont on ne s'explique pas le but. Cette masse, évidemment incomplète, s'élève à peu près carrément, au-dessus du sommet du monticule, à une hauteur de 10 mètres. Plusieurs fragments et arrachements de murs portent les traces d'un incendie qu'attestent également les scories et vitrifications visibles sur la plupart des matériaux.

On voit que Babylone qui, dans les siècles passés, fut la plus grande ville de l'univers, la tête et l'âme d'un des plus vastes empires, n'a presque laissé aucune trace. Depuis le jour où Cyrus s'en empara elle ne fit que déchoir. Passant d'un vainqueur à l'autre pour changer encore de maître, elle finit par devenir une esclave dont nul ne se souciait. La mort d'Alexandre lui a porté un coup funeste : son lieutenant Séleucus à qui elle était échue en partage lui donna une rivale, et Séleucie fut alors pour Babylone ce que Ctésiphon devait être plus tard pour Séleucie, quand la puissance des rois parthes eut refoulé celle des Séleucides jusqu'en Syrie. De déchéance en déchéance, les siècles l'ont vue s'effacer peu à peu pour ne laisser qu'un nom, un souvenir. — Où sont les riches palais dont Hérodote fait de si pompeuses descriptions? Que sont devenus ses jardins suspendus et son temple de Baal? Ses murailles si épaisses, qu'elles permettaient à quatre chars d'y passer de front, et ses cent portes, elles sont abîmées et confondues dans la poussière du désert. C'est en vain que le voyageur en cherche les vestiges. Rien ne le guide au milieu de cette solitude sans limites, où quelques tertres informes indiquent à peine la place occupée par cette capitale du monde. Sur les bords de l'Euphrate, où se prolongeaient les quais magnifiques dont l'historien grec qui visita Babylone parle avec admiration, s'élèvent aujourd'hui quelques masures composant une bourgade arabe qui n'a même pas dans son nom conservé le souvenir de Babylone.

Non loin de Hellah se trouvent les petites villes de Koufa et de Kerbelah, où les Persans vont en pèlerinage visiter les sépultures d'Ali et de son fils Hussein, connues sous le nom de *Meched-Ali* et de *Meched-Hussein*. On sait que ces deux imans, gendre et petit-fils de Mahomet, furent assassinés par les partisans d'Omar, qui ne voulurent pas reconnaître comme héritiers du Prophète les descendants de sa fille Fatmé. Il est vrai qu'Omar avait donné à l'islamisme des gages qui devaient lui mériter le kalifat. Car, en outre des conquêtes qu'il avait poussées jusque dans la Syrie, l'Égypte et la Perse, il passait pour avoir renversé quarante mille églises chrétiennes. Mais Ali eut aussi de nombreux partisans ; il fut considéré comme un martyr, ainsi que ses fils Hussein et Hassan par les *Chyas*, ces adversaires d'Omar qui lui érigèrent, près de Koufa, un mausolée magnifique. Un monument non moins remarquable servit de sépulture à Hussein, près de Kerbelah. En élégance et en somptuosité, ces deux tombeaux, qui ne sont autre chose que des mosquées, surpassent tous les édifices du même genre ; les pieuses libéralités de plusieurs monarques *chyas* ont contribué à enrichir les deux sépulcres auxquels les Persans se font un devoir d'envoyer des dons d'un grand prix, soit en argent, soit en objets précieux de toute sorte.

Kerbelah non-seulement est un lieu de pèlerinage pour les Persans, mais encore son territoire est considéré comme une terre sainte dans laquelle les plus religieux, et ceux qui peuvent payer le transport de leur corps, se font inhumer. Aussi, parmi les charges de toutes les caravanes qui viennent de Perse à Bagdad, voit-on un grand nombre de cercueils contenant des cadavres embaumés destinés à Kerbelah, avec des offrandes de prix pour la mosquée. Ces caravanes ont souvent tenté la cupidité des Arabes qui, d'une main sacrilége, ont fait sauter les couvercles des coffres funèbres pour y chercher les objets précieux qui pouvaient y être cachés. Ce qui a surtout excité leur avidité, ce sont les deux mausolées d'Ali et de Hussein, et les habitants du pays se rappellent encore en frémissant qu'il y a quarante ans les Vaabites, tribu du désert arabique, sont venus au nombre de quinze mille, ont surpris la petite ville bâtie autour de Meched-Hussein, en ont massacré toute la population, en ont rasé les maisons et emporté toutes les richesses du mausolée. La piété des Persans et la libéralité du roi Fet-Ali-Châh ont essayé de rétablir l'ancienne splendeur du tombeau, et la ville a été rebâtie. Une garde plus vigilante et plus nombreuse y a été placée, afin de préserver ces saints lieux de nouvelles tentatives de la part des Arabes qui, à leur amour du pillage, joignent une haine implacable pour les *Chyas*.

La sépulture d'Ali et de Hussein a toujours été un des plus puissants motifs pour les Persans de désirer la possession de Bagdad. Le territoire de cette contrée est sacré pour eux, puisqu'il conserve les restes de leurs deux imans les plus vénérés. Il s'y rattache en outre une question d'argent qui n'est pas sans intérêt à leurs yeux. En effet, le gouvernement turc, et surtout le pacha de Bagdad, ont de tout temps spéculé sur la dévotion des Persans pour prélever un droit de passage onéreux sur tous ceux qui se rendent en pèlerinage à Kerbelah, ou sur les cadavres que l'on y transporte. La Perse aurait donc un grand avantage à posséder Bagdad, puisqu'elle s'affranchirait ainsi d'un péage aussi lourd qu'humiliant ; aussi a-t-elle tenté plusieurs fois de s'en emparer. A la fin du règne de Fet-Ali-Châh, le gouverneur de Kermanchah, qui n'est qu'à dix journées de marche de Bagdad, s'avança vers cette ville avec quelques bataillons. Il rencontra et mit en fuite les troupes du pacha, et si un exprès du roi n'avait apporté à l'impétueux Châh-Zadéh Mehemet-Ali-Mirza, qui avait tenté ce coup de main, l'ordre de se retirer, Bagdad tombait infailliblement en son pouvoir.

VUE DU PORT DE BEYROUTH.

Bby Alasdin, fr. s. lith.   Gide, Éditeur   Imp. Bertoni, Paris

VUE GÉNÉRALE DE BEYROUTH.

RIVAGE DE BEIROUT

ANCIEN AQUEDUC PRÈS DE BEIROUT.

ENTRÉE DE DJEBAIL.

PETIT CHÂTEAU DES CROISÉS, DANS LE DÉFILÉ DE BATROUN

TRIPOLI.

LE PONT DE TRIPOLI.

CHÂTEAU DE TRIPOLI

VUE DE TRIPOLI

Aug. Flandin del. et lith.

Gide éditeur.

Imp. Bertauts Paris.

RESTES D'UN ÉDIFICE DU TEMPS DES CROISADES À TORTOSE.

AMPHITHÉÂTRE À DJEMELA.

Eug. Flache Del et lith.

Inde e. Lecce

imp. Bertaux, Paris

ANCIEN CHÂTEAU DU PORT DE LATAKIÉ

VUE GÉNÉRALE DE LATAKIÈH

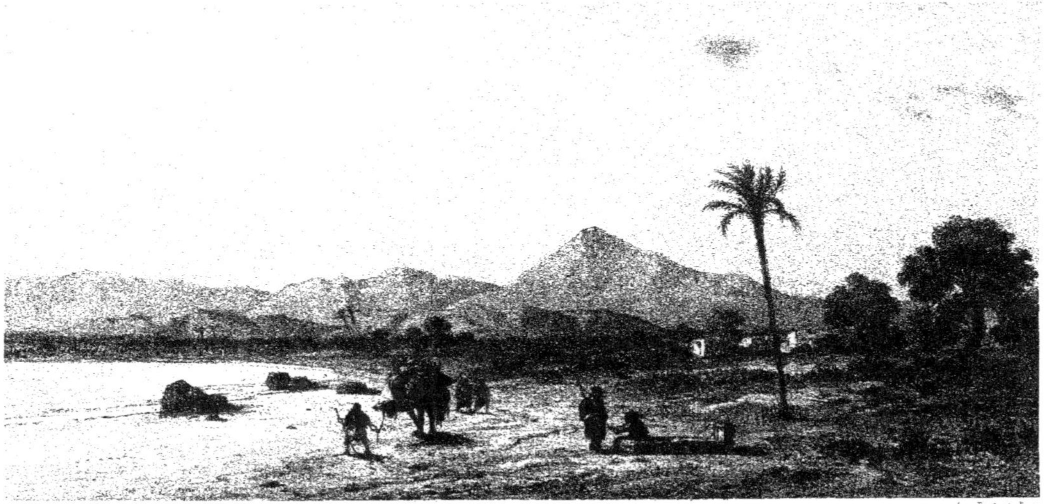

PLACE DE LATAKIÉH DU CÔTÉ D'ANTIOCHE

Eug. Flandin, del et lith

Gide éditeur

Imp. Bertauts, Paris

UNE PORTE DE HAMAH
(Syrie)

VUE GÉNÉRALE DE HAMAH
(SYRIE)

VUE PARTIELLE DE HALEB
(SYRIE.)

Eug. Flandin del et lith. Gide éditeur. Imp. Bernard, Paris.

VUE PARTIELLE DE HALEP.
SYRIE.

Eug. Flandin del et lith.

Cid. éditeur

Imp. Bertauts Paris.

INTÉRIEUR DE MAISON À HALEP
(SYRIE)

Vue Flandin del et lith.

Girez éd.t

Imp. Bertauts, Paris

PASSAGE DE L'EUPHRATE A BIR HADJI K.

(Mésopotamie)

VIEUX CHÂTEAU DE PIR-TANIK

(Mésopotamie)

VUE PRISE À BIR NADJIR
(Transjordanie)

MOSQUÉE A ORFA.
(Mésopotamie.)

COUVENT DE CAPUCINS À MARDIN
(Mésopotamie)

VUE DE DIARBEKIR
au dessus du Tigre

MOSQUÉE SULTAN-SÉLIM A ANDRINOPLE.

Fig. Flandin del. et lith.

Gide éditeur.

Imp. Lemercier, Paris.

VUE PRISE À DIARBEKIR.

INTÉRIEUR DE MAISON À DAMAS

Aug. Flandin del et lith.　　　　6me Livraison.　　　　Imp. Bernard, Paris.

VUE GÉNÉRALE DE MOSSOUL.

Eug. Flandin del et lith. Gide Éditeur. Imp. Bertauts, Paris.

VUE PRISE À MOSSOUL.

VUE PRISE À MOSSOUL AU BORD DU TIGRE.

INTÉRIEUR D'UNE MAISON ARMÉNIENNE A MOSSOUL.

Eug. Flandin del. et lith.

Gide éditeur.

Imp. Bertauts Paris.

INTÉRIEUR DE MAISON ARMÉNIENNE A MOSSOUL

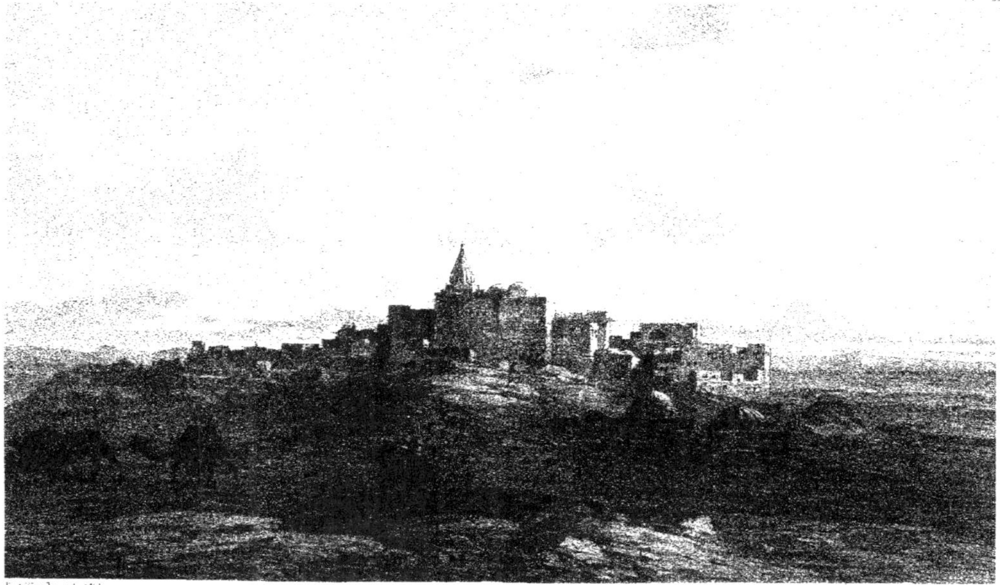

VILLAGE DE HINDIEH ET TOMBEAU DE LOUAS PRES MOSSOUL

MOSQUÉE DE LA PORTE DES TALISMANS
BAGDAD

MOSQUÉE AHMET KIAIA (BAGDAD)

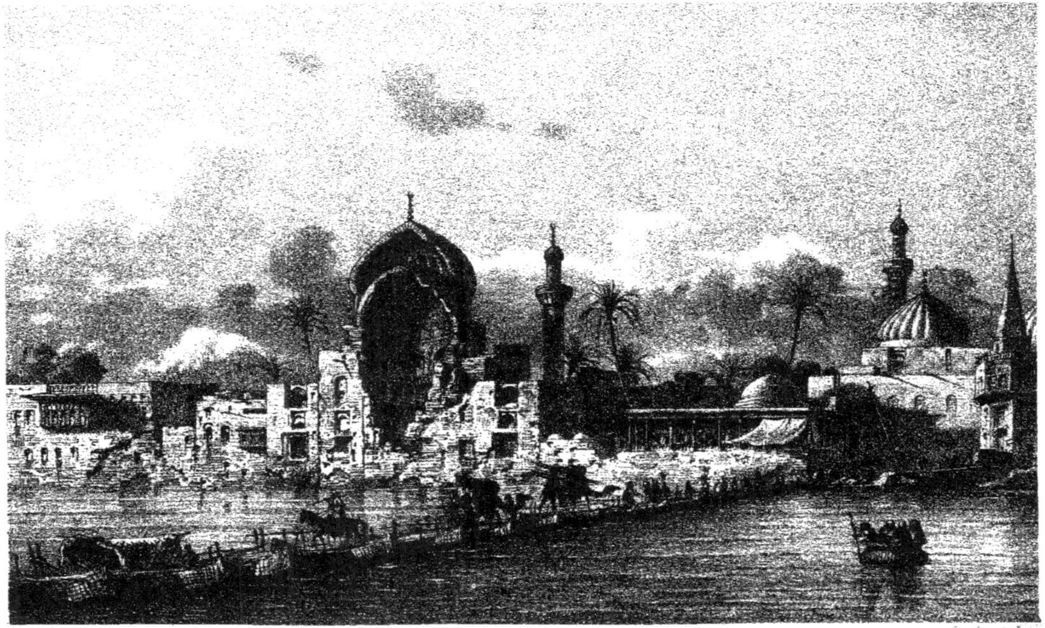

Gug. Piédin del. et sc.

Gide éditeur

Imp. Bertauts Paris

LE PONT DE BATEAUX (BAGDAD)

BAGDAD.

NORIA OU PUITS D'ARROSAGE
(BAGDAD)

SÉRAIL DU PACHA SUR LE TIGRE
BAGDAD

Eug. Flandin del et lith.

Gide éditeur

imp. Bertauts, Paris.

VUE PRISE A BAGDAD.

INTÉRIEUR DE BAZAR
BAGDAD

Eug. Flandin del et lith.   G.ie éditeur   Imp. Bertauts, Paris

UN TOMBEAU, BAGDAD

Eug. Flandin del. et lith.   3.ᵉ édition   Imp. Bertauts, Paris.

MOSQUÉE IMAM MOUSSA
BAGDAD

CAFÉ À BAGDAD.

VUE PRISE A BAGDAD.

VUE GÉNÉRALE DE BAGDAD.

TOMBEAU DE ZOBÉIDEH, PRÈS BAGDAD.

VUE DE HILLAH SUR L'EUPHRATE.
(Babylone.)